心安，灵魂的归宿。

 心何以安系列丛书

心何以安

# 不惑之惑

胡山林 著

河南大学出版社
HENAN UNIVERSITY PRESS

图书在版编目(CIP)数据

心何以安・不惑之惑/胡山林著. －郑州:河南大学出版社,2015.2
ISBN 978-7-5649-1918-4

Ⅰ.①心… Ⅱ.①胡… Ⅲ.①人生哲学－通俗读物 Ⅳ.①B821-49

中国版本图书馆 CIP 数据核字(2015)第 043920 号

| | |
|---|---|
| 责任编辑 | 范　昕 |
| 责任校对 | 胡　宁 |
| 封面设计 | 郭　灿 |

| | |
|---|---|
| 出　　版 | 河南大学出版社 |
| | 地址:郑州市郑东新区商务外环中华大厦 2401 号　邮编:450046 |
| | 电话:0371-86059712(高等教育出版分社) |
| | 0371-86059713(营销部)　网址:www.hupress.com |
| 排　　版 | 郑州市今日文教印制有限公司 |
| 印　　刷 | 河南省瑞光印务股份有限公司 |
| 版　　次 | 2017 年 2 月第 1 版　印　次　2017 年 2 月第 1 次印刷 |
| 开　　本 | 890mm×1240mm　1/32　印　张　6.75 |
| 字　　数 | 175 千字　定　价　28.00 元 |

(本书如有印装质量问题,请与河南大学出版社营销部联系调换)

# 目 录

**引言**
你不问我还清楚,你一问我反倒糊涂 /001

一 我是谁
　　——认识自我 /003
（一）我在哪儿？ /003
（二）"我"的不同层面 /011
（三）"我"的不同侧面 /017
（四）追问"我是谁"的意义 /033
（五）叩问"我是谁"个案举隅 /034
（六）附录：小诗三首 /045

二 路彷徨
　　——两难选择 /050
（一）顺乎世情与坚守自我 /050
（二）豪华生活与简单生活 /057
（三）儿童世界与成人世界 /061
（四）知足与不知足 /066
（五）洒脱与执着 /073

（六）事业与家庭　/077
　　（七）金钱与道德　/081
　　（八）利害与感情　/088
　　（九）善行与自卫　/092

三　金丝笼
　　——人生围城　/099
　　（一）"物欲"的围城　/100
　　（二）"占有"的围城　/105
　　（三）"婚姻"的围城　/108
　　（四）"激情"的围城　/114
　　（五）"成功"的围城　/119

四　何堪耐
　　——荒诞人生　/124
　　（一）说违心话做违心事　/125
　　（二）为崇高而卑微　/128
　　（三）君子斗不过小人　/130
　　（四）好人没有得到好报　/133
　　（五）渴望真实又害怕真实　/138
　　（六）善于演戏　/140

五　吊诡局
　　——人生悖论　/145
　　（一）目的悖论——目的虽空但必须有　/146
　　（二）命运悖论——不知道命运是什么，才知道什么是
　　　　命运　/148

（三）佛法悖论——烦恼即菩提 /149

（四）上帝悖论——全能的上帝不全能 /152

（五）欲望悖论——既是欢乐之源也是痛苦之源 /153

（六）幸福悖论——感受幸福必须以不幸为前提 /154

（七）自我悖论——我是我的印象的一部分，而我的全部
　　印象才是我 /156

（八）爱情悖论——爱情以孤独为背景 /158

（九）历史悖论——历史是存在的又是不存在的 /160

（十）终极关怀悖论——有终极发问而无终极答案 /161

（十一）"完美"悖论——完美的不完美，不完美的
　　　完美 /163

## 六　一念间
　　——人生辩证法 /167

（一）好运与坏运 /168

（二）得与失 /173

（三）有与无 /183

（四）爱与恨 /190

（五）成与败 /199

（六）对与错 /203

（七）迷与悟 /206

## 结　语
　　——人永远走在有惑解惑的旅途上 /209

# 引　言
## ——你不问我还清楚，你一问我反倒糊涂

生活中，对于人生的许多重大问题，我们常常处于似乎有意识似乎无意识、似乎明白似乎不明白的状态。换句话说即你不问我还清楚，你一问我反倒糊涂。"你不问我还清楚"，即不惑；"你一问我反倒糊涂"，即还是惑——糊涂的清楚，清楚的糊涂。笔者把这种现象称为"不惑之惑"。

仔细想来，这类问题不是小量的，而是大量的；不是个别的，而是普遍的。对于这类问题，你不去想它倒也罢了，不想就不会对你的心灵造成干扰——多少人无知无识混混沌沌地过一辈子，从来不想事也就没有所谓的惑与不惑，但是你一旦有了自我意识，一旦发现了人生中有"惑"，你就再也无法返回无知无识的混沌，再也无法装糊涂，心灵就再也无法安宁了。可见"不惑之惑"关乎心灵的安与不安，静与不静。怎么办？那就继续想，继续往深处想，往远处想，自己想不透就借助他人的智慧帮助自己想。一旦想明白了，心中之"惑"就大致消散，心也就可以安可以静了。

两千多年前孔老夫子声称自己"四十而不惑"，刚到中年他就进入"不惑"之境，我们实在佩服他的天才，他的智慧。不过有时我们也疑惑，让他老人家感到"惑"的都是哪些问题呢？他真的把人生的一切都想透了吗？谁敢说自己把一切都想透了呢？没想透怎么敢宣布已进入"不惑"之境了呢？我们多少感到他老人家似乎有

点过于自负了。嘿嘿,也许我们过于苛求,过于吹毛求疵了。遗憾的是他老人家已经升天,我们无法向他追问向他请教了。我们直到中年,甚至到了老年都还一直在"惑"中,一个问题"不惑"了,另一个"惑"又出来了。总之不敢细想,细想就有更多的惑出现。就像在山中旅游,一山刚过又一山拦过来,层层叠叠,无穷无尽。恰如宋人杨万里之诗所言:"莫言下岭便无难,赚得行人空喜欢。正入万山圈子里,一山放过一山拦。"

看来,有惑,才是正常。人生的奥秘如无底深渊,谁能把它彻底勘破呢?人生的问题有大有小,有实有虚,有深有浅,有近有远,内容不同,性质不同,与生俱来,与生俱去,与人生如影相随,相伴而行。也许,人生就是一个遇惑与解惑的过程,是与"惑"相周旋的过程,这一过程既艰难、艰深,又魅力无穷。其魅力足以让所有世人为之倾倒,让古今中外所有智者为之着迷。

有"惑"就要求解"惑",那么,现在就让我们开始解"惑"之旅,探讨让我们感到"惑"的问题("惑"之问题无限而能探讨的又何其有限)吧!

# 一 我是谁
## ——认识自我

### (一) 我在哪儿?

1. 时空定位

我——无论谁,都以我自称,因而无论谁,也都是我,我是每个人,每个人都是我。那么我在哪儿呢?

(1) 时间定位

任何一个人,都活在一个特定的时间里,这就是他从生到死所占有的时间。把这段时间放到时间的长河中便是对某个人的时间定位。这种定位必须以时间长河为背景,有背景才有定位,否则,孤立的一段时间,没有意义,也就无所谓定位。时间是无始无终的,而某人所占有的,不过是其中的一小段。

(2) 空间定位

"我"作为一个生命,活在一个特定的空间里,没有空间,"我"无以生存。那么这个空间在哪儿呢? 从远到近,从大到小,首先,"我"生存于宇宙中。宇宙何其大也,大至无限,那里有银河系和无数的河外星系,"我",毫无疑义,生存于银河系里。银河系里有无数的星球,"我",生存于其中的太阳系里。太阳系里又有若干个星体,"我",生存于其中的地球上。地球上有许多国家,"我",生存于其中的某个国家中,如,中国。中国有若干个省,"我",生存于其中的某个省。以此类推下去,直到某个具体人所生存的那个特定的空间。这就是"我"的空间定位,"我"就活在这一特定空间里。

(3) 时空定位的意义

这样对"我"进行时间、空间定位,暗含了从近到远,从远到近的双向视线。这样就把"一"融入无限,从无限看"一",清醒明白地看到了"一"与无限的关系:"一"是无限中的"一",无限由无限的"一"所组成。从这面看,"一"与无限是分离的;换一面看,"一"与无限又是一体。这,才是"一"存在的真相,才是"一"的准确定位。

对"我"进行这样的时空定位,说起来其实是个常识,无甚新意。然而,正因为是个常识,人们才容易忘记,才看不出其中的意味。其实如果能够自觉思考这个常识,是可以从中悟出许多人生启迪、智慧的。

一是低调做人。

如果牢记上述常识,哪个人还敢骄傲,还敢狂妄啊!一个人,无论做出了什么惊天动地的事业,无论有多么了不起的成就,在这样的定位中,还算什么呀!在这样的视角下,所有的骄傲、自负、狂妄,都显得很浅薄,很可笑,很无聊。我们常说做人要低调,为什么?人们常常从"术"的层面理解问题,认为低调是为了避风头,免是非,是为了博得更多人的好感。这样的理解不能说错,事实上大多数人都是这样想这样做的。然而,笔者认为还没有说到根本上。之所以要低调,根本原因在"道"的层面,即从宇宙的视角看,人无论到哪一步,在终极面前都没有什么了不起,因而都应该是谦卑的、低调的。个人就不说了。即使如整个人类,如今科学对宇宙自然的认识已经够丰富够精微了,可是,和宇宙本身的奥秘相比,那些认识是何等的微不足道啊!你那些认识即使再丰富再精微,也不过是漆黑夜里手电筒照亮的眼前那一小片,手电筒光柱之外,还是无边的黑暗。所以,宇宙视角让你具有无比高远的视野,无比阔大的胸怀,让你具有波澜不惊的淡定,具有泰山崩于面前而不变色的沉稳,你因此活得很深沉,很智慧,很谦卑。

说一段笔者个人的经历和感悟吧。20世纪70年代初,我在故乡县城书店里偶尔买到一本一毛四分钱的小书——上海人民出版社出版的科普读物《天体、地球、生命和人类的起源》。那时我手里可读的东西少得可怜,少到连脚下的小纸片都要拿起来看看再扔掉。买到一本新书,自然十分高兴,于是在小油灯下反反复复地看。在那里,我看到一个茫茫无垠的大宇宙,45~60亿年前,不能确定到底是怎样诞生了一个小小的星(地)球。这个小小的星球开始是一团大火球,没有任何生命,后来在某种至今也不能彻底说清楚的条件下无机物转化为有机物,于是产生了生命(单细胞)。有了生命,就开始了长长的生命进化历程,于是有了腔肠动物、脊椎动物、灵长类动物,有了人。自有人类以来,一年又一年,一代又一代,又有了无数(按道理其实也有数,只是没有人知道,知道的只有"造物主")的人,在这无数的人中,可以确凿地知道,有一个人是我。那么怎样给我定位呢?一时间竟觉得脱离了脚下的土地,飘飘然恍惚起来。"我"对于我来说,当然就是一切,有具体生存的时空点,但放到那个大宇宙中去看,"我"竟小到几乎等于零,恰如空中的一粒微尘。于是当时我随口吟了几句说不上诗的诗:"我是空中的一粒微尘,谁也看不见,但我却存在着。"从此我看清了"我"存在的真相。打那儿之后,我就像大彻大悟的佛陀一样,再也没有骄傲过,再也没有狂妄过。

打那儿之后,我无论看什么——看日月星辰,看人生世相,看别人,看自己,看一切的一切——都有了一个大背景。在这一背景下,一切都变小了,变远了,变轻了,变淡了。我知道一切都是相对,一切都是瞬间,一切都是有限,一切都微不足道。这就是我认为应该低调做人的"世界观"方面的原因、缘因、远因。

从终极角度看人生,把自己看得那么渺小,那么我们的人生还有意义吗?当然有啊!从终极、从宇宙角度看到人的渺小,这只是还原人生的真相之一面——囿于眼下、眼前是人们认识问题的常态,因而最容易忽视人生渺小的真相,最容易视野狭窄,眼光短浅,鼠目寸光。针对这一认识"常态",从终极角度提醒一下人的渺小是十分必要的。但是,人的渺小,只是人生真相的一面,另一面是人的伟大。"伟大"在哪儿?伟大在每个人都是天地间的唯一,都集中体现了造化、造物主的奇妙,都是冥冥之中,无限复杂的因缘和合的结晶。一个人来到世界上,日常眼光看太平常平淡平凡了,但是,从终极角度看,那真是无比的奇妙,奇妙得让人不可思议,奇妙到令人敬畏,无话可说。佛说一沙一世界,一花一菩提,看来佛真正是看到了"一"与"无限"的统一,"一"中有"无限","无限"中有"一"。——你是天地间的唯一,没人可以取代,你还不够伟大么?!最大限度地发掘、发挥、利用你的潜能吧,你的潜能大得连你自己都没有意识到。你的"你"等待你去锻造去成就,你就不懈地努力吧!

终极眼光一方面教会我们"不自卑",一方面教会我们"不自负"。这就是鲁迅所教导我们的,不自卑,不自负,总是努力。

二是看淡烦扰。

有了宇宙眼光,你就会从终极视角看自己,就会看轻功名利禄的诱惑,就会自我减轻面临的种种人生压力。例如,多少年来,每当笔者遇到人世间的是是非非,心里烦躁无法排解时,就会在晚上上床之后入睡之前灵魂出窍,跳到宇宙看自己。这时候看到在茫茫宇宙中有个银河系,银河系中有个太阳系——如此推下去,直到某张床上的那个以"胡山林"三个汉字作为符号的那个人。这样一看,就知道自己有多么的"小",以至于小到几乎看不见自己,小到可以忽略不计,小到等于不存在。

你不但是小的存在,而且还是暂时性的存在。若干年前没有你,若干年后你又没有了,你的存在只是宇宙中无限偶然的因缘和合的结果。这样一想,那些是是非非、恩恩怨怨、虚名浮利就变得多么的微不足道,不值一提,还有什么值得你烦心苦恼的啊!宇宙眼光,或者说人的时空定位让人精神解放,给人心灵自由。因为,没有宇宙背景,你的眼里心里只有那些"琐碎",无形中它被放大,大到让你绕不开越不过了,你被它死死的纠缠住了。然而宏远的目光让你身边的那些"琐碎"变小了,变轻了,变得几乎看不见了。这不是人生智慧又是什么?!

　　这种人生智慧其实并不是什么新发现,而是古已有之。中国古人就常挂在嘴上一句话:人生天地间。这里的"天"其实就相当于(当然不完全等于)我们现在所说的宇宙。人生天地间就是古人的生存定位,能从"天"、"天地间"看人,这视野多么宏远、多么开阔!遗憾的是,现代人从科学上明白宇宙是怎么回事了,但从人文视野上却退化到眼前和脚下了;现代人知识扩容了,精神却萎缩了。

　　2. 精神定位

　　(1)"我"在生命的整体里

　　每个人在自我意识里首先能把握的大约就是他自己,即他的"我"。"我"首先是一个生理的、肉体的"我",这个"我"是一个独立的活生生的生命,有身高有体重有长相而且长相一定与别人不同。但是当人们问"我是谁"的时候,这个"我"似乎并不是指肉体,而是指精神。正如作家史铁生所说,"我"主要指一个人的精神,一个人的灵魂。那么"我"在哪儿呢? 在《务虚笔记》中,史铁生借助医生F(他一生苦苦思索的问题就是灵魂是什么? 灵魂在哪儿,"我"一向都在哪儿?)的思考,对此作了回答。

　　众所周知,"我"寄植在我的身体里,没有了我的身体也就没有了"我",那么"我"在我身体的哪一部分呢? 在胳膊里? 不,因为没有了胳膊,"我"依然故"我"。腿呢? 也一样,"我"也不在腿里。那么"我"在心脏或大脑里了? 也不是。因为把心脏和大脑解剖开来找遍每一个细胞,还是找不到"我"。——看来,"我"并不在身体的哪个具体部位里,而在身体即生命的整体里。

由此,史铁生得出结论说:"'我',看来是一个结构,心灵是一个结构,死亡即是结构的消散或者改组。"①"灵魂在哪儿都找不到但灵魂又是无处不在的,因为灵魂是一种结构。就像音乐,它并不在哪一个音符里,但它在每一个音符里,它是所有的音符构成的一种消息。就像绘画,单一的色彩和线条里并没有它,但如果色彩和线条构成过去和未来的消息,构成动静和欲望,构成思念和召唤,绘画才出生。"②

(2) 我在整个世界所有的消息里

"我"是一种结构,"我"在生命的整体里,在系统的综合质里。这一结论包含着丰富的内涵。史铁生的意思是说,"我"或者灵魂,不只在身体的系统构造里,而还在身体之外的整个世界里。因为"我"不能离开别人而存在,不能离开大地、天空和日月星辰而存在,不能离开远古的消息和未来的呼唤而存在,所以,"我不光在我的身体之中,我还在这个世界所有的消息里,在所有的已知和未知里,在所有的人所有的欲望里"。③

"我不光在我的身体里,我还在这个世界所有的消息里",意思是"我"不只是一个生物性的生命存在,更是一个精神存在。作为一个精神存在,"我"的形成或者说构成绝不是孤立的、封闭的、自我完成的,而是与整个世界有关。个人只是世界之网上的一个网结,是世界整体的一个细胞。这个细胞是整个世界进化的结果,正像一个生理细胞蕴含着一个人所有的生命信息一样,一个人的精神构成也毋庸置疑地蕴含着世界的所有信息,换句话说即是世界的全息缩影。用史铁生的话说就是:"心灵是一个结构,是信息的

---

① 史铁生:《史铁生作品集》,第三卷,中国社会科学出版社,第 325 页,1995
② 史铁生:《务虚笔记》,上海文艺出版社,第 583~584 页,1996
③ 史铁生:《务虚笔记》,上海文艺出版社,第 584 页,1996

组织,是与信息共生共灭的。所以,心灵的构成当然不等于生理的构成,心灵的构成正是'天人合一',主观与客观的共同参与,心灵与这个世界同构。"①

"心灵与这个世界同构","我在整个世界所有的消息里",这一结论所蕴含的视角极为宏阔。很明显,史铁生走进了世界的终极,走进了"无底深渊"。想一想吧,茫茫无限的宇宙、社会、历史、现实、人群,都是"世界"的内涵,都是大大小小、里里外外相互联系相互制约的系统,系统与系统之间,系统内部各元素之间,都是密密麻麻的联系网,每个人都生存于这重重叠叠相互联结的网上,其肉体生命与无限之网相连接,其精神生命(灵魂)也与无限之网相沟通。由于每个人的主客观条件各不相同,因而每个人与世界之网的连接也不相同,每个人的"我"也不相同。

如此说来,要想了解"我"在哪儿,就要了解与"我"(有限)相联系的"所有消息"(无限),了解与"我"的心灵(有限)同构的"整个世界"(无限),而"所有消息"和"整个世界"是无穷无尽的,因而要彻底穷究"我"(以与他人相区别)在哪儿,就必须同时穷究"所有消息"和"整个世界",然而这是绝不可能的。它永远以"无限"的身份,以"神秘"的面目出现在人们面前,永远诱惑人们去探索。

(3) 我是世界之网上的一个结

"心灵与这个世界同构","我在这个世界所有的消息里",直言之,我在世界之网上,我是世界之网上的一个结。所有这些命题都很深刻,都很精辟,然而对普通大众来说又似乎过于抽象,不好理解。下面让我们以一个具体的例子来将这一凝重的结论涣化开来,力求让它变"抽象"为"形象",让它变得容易理解。

就说张三吧! 张三的出生来源于他父母的结合,他父母呢? 他父母来源于爷爷奶奶姥姥姥爷,爷爷奶奶姥姥姥爷呢? 又来源

---

① 史铁生:《史铁生作品集》,第三卷,中国社会科学出版社,第 325 页,1995

于他们的父母,如此推演下去,张三的祖宗在第十代有 512 人,第二十代祖宗有 524 288 人,第三十代有 536 870 912 人,假定二十五年为一代人,那么 750 年前张三的祖宗理论上就有 5 亿多人,而张三的祖宗可不止三十代啊,如此算上去,就可以推到原始社会,推到类人猿,推到单细胞,推到生命的起源。这不就是生物进化史、人类进化史嘛!

这说的是张三的血缘关系,与整个世界、整个宇宙相连;那么张三的思想、精神、灵魂呢?也一样!张三的思想、精神、灵魂无疑与他的父母、家庭有关,与他就读的所有学校有关,与他的所有人际关系、与整个社会有关。而张三父母、家庭、学校乃至于整个社会的思想、精神,从历时性角度看,是全部历史的延续,流淌着历史的血脉;从共时性角度看,又和同时共存的各种思想,包括世界各地乃至全人类的思想相关连。也就是说,张三的思想、精神和灵魂,孤立地看是他自己的,辩证地看与古今中外全人类的思想相连。张三的思想、精神、灵魂连着全世界,连着全人类,连着整个人类史。从张三望去,由他辐射出去的是一张巨大乃至于至大无边的人际关系网、思想意识网、精神灵魂网。

张三是整个世界之网的一个结,就在这张无边无际的网上。张三是整个世界、整个宇宙的全息缩影,在他这里蕴藏着整个世界、整个宇宙的秘密,因此,解剖了张三这只"麻雀",我们得到的就是整个世界,反过来,要想了解、理解张三,就必须把他放到整个世界、整个宇宙的背景下。

3. 多维定位

对于"我在哪儿"的问题,除了上述定位之外,还可以从不同角度不同侧面进行定位。如,自然——社会——历史——国家——民族——宗教——社团等角度定位。即,从自然角度看,"我"是自然界的一生命、一生灵。用古人的话说,我们每个人都是钟天地之灵气、日月之造化,是阴阳二气化育的结晶。从这个角度看,用得上佛家的一句话:众生平等。因而你要学会敬畏万物,敬畏自然,回归自然,不要违反自然,最好能达到天人合一。从社会角度看,"我"是社会群体中的一员。马克思说,人是社会关系的总和。换句话说,每个人都是纵横交错、盘根错节、密密麻麻、层层叠叠社会网络上的一个结,打开这个"结",看到的是复杂无比的社会真相。从历史角度看,"我"一出生,就作为人类的一分子汇入了历史的洪流,融入了历史的进程。"我"的人生从某年某月某日起,到某年某月某日终,从历史中消失。在"我"存续期间,历史会在"我"身上烙上它的印记,在"我"身上留下民族、国家,乃至于人类历史的所有信息。如此类推,"我"的每一重身份都是"我"的某种定位。

## (二)"我"的不同层面

接下来讨论"我是谁"。这一讨论离不开的关键词是肉体、生命、生理、精神、灵魂,等等,那么这些概念的关系是什么呢?

1. "我"有生命但不等于生命

"我"存在就证明"我"有生命,没有生命即没有"我",那么,"我"与生命是一码事吗?

史铁生说,当然不是。因为生命只是一种生理现象,即生理性存活,一个物体只要活着,就有生命,比如植物人和草履虫。所以,生命二字,可以仅指肉身,而"我"却不仅仅是肉身。"我"可以提出问题:"生命到底有没有意义?"而"生命"本身不会提出这样的问题,说明"生命"不等于"我","我"不等于"生命"。"我",正是人们通常所说的精神或灵魂。

2. 精神与灵魂的区别

那么,精神和灵魂就肯定是一码事吗?未必。请看下面这段话:

"我看我这个人也并不怎么样。"——这话什么意思?谁看谁不怎么样?还是精神的我看肉身的我吗?那就不对了。

"不怎么样"绝不是指身体不好,而"我这个人"则明显是就精神而言,简单说就是:我对我的精神不满意。那么,又是哪一个我不满意这个精神的我呢?就是说,是什么样的我,不仅高于(大于)肉身的我并且也高于(大于)精神的我,从而可以对我施以全面的督察呢?是灵魂。①

但是什么又是灵魂呢?精神不同于肉身,这好理解。但是灵魂不同于精神,这又怎么说呢?史铁生解释说:"精神只是一种能力。而灵魂,是指这能力或有或没有的一种方向,一种辽阔无边的牵挂,一种并不限于一己的由衷的祈祷。"②

比如希特勒,你不能说他没有精神,由仇恨鼓舞起来的那股干劲儿也是一种精神力量,但你可以说他丧失了灵魂。灵魂,必当牵系着博大的爱愿。

再比如希特勒,你可以说他的精神已经错乱——言下之意,精神仍属一种生理机能。你又可以说他的灵魂肮脏——但显然,这已经不是生理问题,而是牵系着更为辽阔的存在,和以终极意义为背景的观照。

这就是精神与灵魂的不同。

总之,在史铁生看来,精神,当其仅限于个体生命之时,便更像是生理的一种机能,肉身的附属,甚至累赘(比如它有时让你食不甘味,睡不安寝)。但当它联通了那无限之在(比如无限的人群和困苦,无限的可能和希望),追随了那绝对价值(比如对终极意义的寻找与建立)之时,精神就不再是肉身的附属,而成了命运的引领——那时他已经升华为灵魂,进入了不拘于一己的关怀与祈祷。所以那些只随着肉身的欲望而活的人,你会说他没有灵魂。这就是说,灵魂与无限之在相连,与绝对价值同在。

---

① 史铁生:《病隙碎笔》,人民文学出版社,第101页,2011
② 史铁生:《病隙碎笔》,人民文学出版社,第102页,2011

### 3. 走向大我

那么"无限之在"、"绝对价值"又是什么呢？史铁生说，"那无限与绝对，其名何谓？随便你怎么叫他吧，叫什么其实都是人的赋予，但在信仰的历史中他就叫做：神。他以其无限，而真。他以其绝对的善与美，而在。他是人之梦想的初始之据，是人之眺望的终极之点。他的在先于他的名，而他的名，碰巧就是这个'神'字。"①"神，乃有限此岸向着无限彼岸的眺望，乃相对价值向着绝对之善的投奔，乃孤苦的个人对广博之爱的渴盼与祈祷。"②简言之，灵魂即"神"，即无限之在，即绝对价值，即博大的爱愿。

从以上的推理和玄思可以看出，史铁生对"我是谁"的思考层层推进，一层深一层。他从生命（肉身）之我走向精神之我，又从精神之我走向灵魂之我，从灵魂之我又走向"神"，即走向无限之在，走向绝对价值，走向博大的爱愿，换句话说也就是走向了终极，走向了"无底深渊"，走向了"上帝"。很明显，这时候的"我"已不是作为个体存在的"小我"，而是走向了宇宙（或叫绝对、终极、无限、神等）的"大我"了。走向宇宙的大我，就是与宇宙与无限与终极合为一体了，化为永恒化入神秘化入无底深渊——天人合一了。

### 4. 我永远不死

对于史铁生的上述思路，一般人肯定难以理解，史铁生对此也有预料，于是他自设疑问自己回答（解释）。

问：但那已经不是我了呀！我死了，不管那意义怎样永恒又与我何干？

答：可是，世世代代的生命，哪一个不是"我"呢？哪一个不是以"我"而在？哪一个不是以"我"而问？哪一个不是以"我"而思，从而建立起意义呢？肉身终是要毁坏的，而这样的

---

① 史铁生：《病隙碎笔》，人民文学出版社，第 101 页，2011
② 史铁生：《病隙碎笔》，人民文学出版社，第 101～102 页，2011

## 不惑之惑

灵魂一直都在人间飘荡,"秦时明月汉时关",这样的消息自古而今,既不消逝,也不衰减。

问:那个"我"已经不是我了,那个"我"早已不是(比如说)史铁生了呀!

答:你的意思是早已不是(比如说)史铁生的肉身了,不是被命名为史铁生的那一套生理机能了。但史铁生之所以为史铁生,并不因为他的肉身(他的肉身时时在变,哪个才是他呢?),而是因为我曾有过的行为,以及这些行为背后我曾有过的思想、情感、心绪。对了,这才是我,才是我这个史铁生,否则他就是另一个史铁生,一个也可以叫做史铁生的别人。就是说,史铁生的特点不在于他所栖居过的某一肉身,而在于他曾经有过的心路历程,据此,史铁生才是史铁生,我才是我。①史铁生还怕别人想不通,接着打了一个绝妙的比喻:一棵树上落着一群鸟,把树砍了,鸟儿也就没了吗?不,树上的鸟儿没了,但它们在别处。同样,此一肉身,栖居过一些思想、情感和心绪,这肉身火化了,那思想、情感和心绪也就没了吗?不,它们在别处。在哪儿呢?在世世代代千千万万相接相续的人身上,你那些思想、情感和心绪将会在别人心上重现,你完全可视这些人的生命为你的再生。用史铁生的话说即:活着的鸟儿将飞起来,找到新的栖息之处。系于无限与绝对的心魂也将飞起来,永存于人间;人间的消息若从不减损,人间的爱愿若一如既往,那就是他并未消失。那心魂将继续栖居于怎样的肉身,将继续有个怎样的尘世之名,都无关紧要,他既不消失,他就必是以"我"而在,以"我"而问,以"我"而思,从"我"角度追寻那亘古之梦。这样说吧:因为"我"在,这样的意义就将永远被猜疑,被描画,被建立,永无终止。②

---

① 参见:史铁生:《病隙碎笔》,人民文学出版社,第102页,2011
② 参见:史铁生:《病隙碎笔》,人民文学出版社,第106~107页,2011

当然，那不是我。

但是，那不是我吗？

宇宙以其不息的欲望将一个歌舞练为永恒。这欲望有怎样一个人间的姓名，大可忽略不计。(《我与地坛》)

以上的思辨是典型的史铁生文体，典型的史铁生视点——即终极，即上帝，即"无底深渊"。理解他的关键在于转换思路，转换视点，即从日常的世俗的习惯性思路转换到"终极域"，用上帝的眼光看世界看人生看自己。那时就超越了一己有限之"小我"，从而走向了永恒绝对之"大我"。——"毁坏的肉身让它回去，不灭的神魂永远流传，而这流传必将又使生命得其形态"。①

在回答访谈者您已经在多大程度上找到了自己的问题时，他又讲到了这个意思："说自己，还是一个是肉体的自己，另外一个是，也可能是我最近的文章里常用的一个'消息'这个词，不过就是身体承载的一种消息。你看到了那个精神的我的无限性、无限联系性，看到了肉体的我的暂时的载体性质，你可能就找到我了。我觉得，肉体不过是一个消息的载体，如此而已。然后这个肉体消失了，这个消息却还在传扬。人们获得永恒的方式不是生孩子，而是这种消息的传扬。"②这也就是小说《我之舞》中的"我"，也就是小说中所提出的命题"我们永远不会死"的确切含义。

关于"我永远不死"这一命题，史铁生在他的遗著《昼信基督夜信佛》(北京十月出版社，2012年)中有更多更详尽的论述，思想极为深刻，很有启发意义。一个长年累月与死神打交道又诚实善思的人对生命的意义、对生死的思考，肯定是平常人所想不到的。笔者推荐对人生问题感兴趣的读者，务必看看这本书，以及史铁生的其他书。我相信，它们肯定会给你思想的惊喜。

---

① 史铁生：《病隙碎笔》，人民文学出版社，第110页，2011
② 史铁生：《史铁生的日子》，凤凰出版社，第162～163页，2011

5. 小结

让我们对史铁生的上述思想作一个大致的总结：我是谁？"我"首先是肉体之我。这是生命的载体，思想、灵魂的寄居处。其次是精神之我。精神之我的存在与整个世界所有的信息有关，是主观与客观相互作用的结果，它与整个世界同构。再次是灵魂之我。灵魂是精神的一种方向，一种牵挂，一种引导，它体现着一种博大的爱愿，它与无限之在相连，与绝对价值相通，灵魂的别名可称之为"神"。

这三种"我"是完整的人的三个层面：生物性——意识性——形上性。前两个我是个体之我，是有我，是小我，后一个我是整体之我，是无我，是大我；前两个我是有限之我、相对之我，后一个我是无限之我、绝对之我。这是人类自我寻找自我确认的过程，也是精神步步登高的攀升过程。人类寻找自我的过程，其实也就是寻找人生意义、灵魂寄托、精神家园的过程。经过寻找，史铁生的精神走向澄明之境，灵魂开始与"无限"与"绝对"，或者说是与"上帝"与"神"对话。

我在哪儿？我是谁？是自古以来人类永远在思考在追问的终极问题，它反映了人类自我认识自我解剖的迫切需要。史铁生，一个命运不幸的人，一个对精神对灵魂对生命的意义永远感兴趣的作家，以其敏感而睿智的心灵，参与了对上述终极之问的执着思考。他的思考成果有着相当的思想深度。那么，史铁生对"我是谁"的思考就是终极答案了么？当然不是。正如史铁生所说，有终极之问却没有终极答案，终极之问的意义只在于引导人类永恒的思考，永恒的精神追求。史铁生对此问题的思考激发了、促进了我们的思考，把我们的心引领到一个至高至深至美至玄的境界，让我们在某种意义上从中找到了灵魂的安慰和寄托。这，也就够了。

## (三)"我"的不同侧面

让我们从思想家和艺术家杳渺幽深的玄思中回到地面回到现实中来,站在普通大众的角度反思"我是谁"。我们提出这一问题,不是从深奥的哲学角度,而是从日常的现实角度——从日常现实角度看,我们感到每个人包括我们自己,怎么总是那么复杂呢?怎么那么富于变化,有那么多副面孔呢?我们禁不住追问,到底哪一副面孔是人的真相,或者说哪一个我才是真正的我呢?

### 1. 真我与假我

首先我给各位介绍一篇微型小说,题目叫《神秘的密码》(作者林华玉),故事情节是:一个叫张涛的贪官在强大的政治和心理攻势下终于交代了犯罪事实,还交代所有赃款都放在他家的一个大保险柜里了。但还没来得及说出保险柜的密码就突犯脑出血失去知觉变成植物人了。警察请来了开锁高手,但开锁高手也没有办法,因为这是一个进口的声控的保险柜。要想打开,必须知道主人预设的密码,根据经验一般是八个字。于是警察轮番上阵做实验,有的说人不为己天诛地灭;有的说人为财死鸟为食亡;有的说何水无鱼何官不贪……但无论说什么那锁就是打不开。最后开锁高手说或许这把锁更高级一点,只能识别主人的语气,就是说只有主人亲自说话才能打开。没有办法只好把保险柜锁在公安局保密室封存起来。一晃十几年过去,贪官张涛终于醒了过来,很快恢复了记忆,出院后警察把他带到保密室要他破解保险柜的神秘密码。张涛很配合,他蹲下身对着保险柜说出那句密码,保险柜的门忽地一下子打开了。在场的所有人听了这句话差点晕倒,因为他说的这句话竟然是:一身正气,两袖清风。

这是一篇非常绝妙的小说,妙就妙在巨大的反讽效果:一个贪官竟然把"一身正气,两袖清风"作为储藏赃款的保险柜的密码,让人笑掉大牙。但笑着笑着我们就笑不起来了,因为这不是玩笑,而正是生活中贪官的写真。他们太善于伪装了,他们不但要装给别人看,更有甚者还要装给自己看。善于伪装简直成了贪官的第二天性。

广西壮族自治区原主席、全国人大常委会原副委员长成克杰,在老家亲戚和公众面前,给人的是一种"廉洁自律"、"遵纪守法"的印象。成克杰平时对亲戚要求特别严格,经常告诉他们不要做违法违纪的事情,在大会、小会上,他更是反复地讲:"钱这个东西是身外之物,生带不来,死带不去,要那么多干啥?"在接受中央电视台记者采访时他曾痛心疾首地说,"一想起广西还有700万人没有脱贫,我这个当主席的睡不着觉啊。"然而,成克杰真正的人生是什么样子呢?他利用职务之便,单独或与其情妇共同收受贿赂财物合计人民币4109万余元。原来,他是一个贪赃枉法、道德败坏的腐败堕落分子。

江西贪官胡长清,一边把"淡泊明志"和"为人民服务"挂在墙上,一边做着罪恶的勾当。

山东泰安市委原书记胡建学一边优雅地说"钱"是什么?"钱"就是两个持"戈"的士兵守着金库,伸手就要被捉。一边把手长长地伸向金库,全然顾不得是不是有持戈的士兵把守,其后果是因巨贪被判死缓。

郴州市委原书记李大伦以作家、诗人自许,曾作诗抒怀言志:"从政为官三十年,回首往事心怡然。休言怀才谋大略,但愿清廉归平淡。平生只念苍生苦,富民强国求发展。历尽艰辛终不悔,一腔热血荐轩辕。"他实际上也是个巨贪。

深圳市原市长许宗衡口口声声表示:"我要做一个清廉的市长,不飘浮,不作秀,不忽悠,不留败笔,不留遗憾与骂名!"其行为与宣言完全相反。

还有比上述贪官更高的官员薄熙来,在任期间"唱红打黑",表现得比谁都革命,其实际呢,经中央查实,他"在担任大连市、辽宁省、商务部领导职务和中央政治局委员兼重庆市委书记期间,严重违反党的纪律,在王立军事件和薄谷开来故意杀人案件中滥用职权,犯有严重错误、负有重大责任;利用职权为他人谋利,直接和通过家人收受他人巨额贿赂;与多名女性发生或保持不正当性关系;违反组织人事纪律,用人失察失误,造成严重后果。此外,调查中还发现了薄熙来其他涉嫌犯罪问题的线索。薄熙来的行为造成了严重后果,极大损害了党和国家声誉,在国内外产生了非常恶劣的影响,给党和人民的事业造成了重大损失。"如果不是中央查出并公布,谁能想象他竟是这样的人啊!

这类人有多少啊! 一边在台上高喊我们一定要把反腐败斗争进行到底,一边大肆贪污受贿,在背后做尽不见天日的罪恶勾当。这些贪官的最大特点就是装假,善于表演。他们表演给人看的当然是假我,而假我背后干坏事的是真我。

善于装假的未必只是贪官,毋宁说是一类人。这类人的总特点就是一个字——"装"。一出门就装,而且还要装得好像没有装,装得好像不会装,装得好像讨厌装,以至于装得忘了自己是在装——装得出神入化,炉火纯青,装到家了。请问读者诸君,我们生活中这类人还少吗?!

2. 本我与超我

《化身博士》是19世纪英国作家史蒂文森的长篇小说。作品在1866年发表之后曾引起当时社会的广泛关注,成为畅销书。小说的主人公叫亨利·杰基尔,他拥有多个博士学位和皇家学会会员等头衔,勤奋踏实,热心科学研究,为人真诚善良,深受朋友与周围人的尊敬和爱戴。总之他是个道德高尚的人。然而他反思自我,却感到自己有一个最坏的缺点,即"一种急不可耐的寻欢作乐的性格",甚至有作恶的冲动。也就是说,他性格中同时具有"善"和"恶"两面。社会的道德规范,他所接受的文明教育,决定他以"善"的面目出现在人们面前;但与此同时,他必须严厉地压抑心中之"恶"。这种心灵分裂的双重生活让他痛苦不堪。后来他发明了一种药,喝下去后变形为另一个人,这就是爱德华·海德。他把心中之"恶"放到这个人身上。海德年轻,丑陋,充满活力,受原始本能支配生活,从不考虑什么道德,作恶不计后果,做了很多恶事。作恶后的海德通过喝药,还能重新变回为杰基尔,继续过他尊严体面的社会生活。他就这样小心谨慎地维持着心理的平衡。但时间一长,这一平衡发生了倾斜,即他常常不服药也能轻易地变成海德,但由海德变回杰基尔则需要加倍的药量。而这种药缺少原料难以配制,最后他在实验室穿着杰基尔的衣服以海德的面目死去。

从生活真实角度看,故事情节当然是荒诞的,既没有任何"事实根据",也没有任何"科学根据",而完全是作家想象和虚构的。作家之所以"编"出如此荒诞不经的情节,目的是为了寓意。即,他要用这样的情节阐释他对人性、人的心理的理解:人事实上并非是单一的,而是双重的;在每个人身上,善与恶互相分离,又同时合成一个人的双重特征。

史蒂文森以艺术形象揭示出的人的双重特征,与20世纪伟大心理学家弗洛伊德"人格结构"理论中的"本我"与"超我"相吻合。弗洛伊德1923年在《自我与本我》一书中,认为人的人格由本我、自我、超我三部分构成。所谓本我,即心理结构中最原始的部分,完全处于无意识状态,充满着被压抑的本能、欲望和冲动,它是来自生命本源的心理需求,遵循的是快乐原则。超我是一种文化无意识,它是社会规范、伦理道德、价值观念等在人的心理结构中内化的结果,属于后天的精神积淀。超我是伦理化的自我,它代表一种约束力量,遵循的是理想原则。本我与超我处于对立的两极上,本我凭本能力量按快乐原则顽强地要求发泄,超我凭道德力量按理性原则加以控制和压抑。二者互不相让,冲突的结果双方达成谅解即是自我。自我让本我和超我各自妥协,都作一点让步,既让人的生命之欲得到一些满足,又不要超过了社会规范的樊篱。自我遵循现实的原则，按社会理性要求行事。

《化身博士》中的杰基尔和海德，就是一个人的超我和本我的外化。杰基尔的行为处处符合社会规范，是社会公认的道德高尚的人；但即使这样，人的内心世界也有"一种急不可耐的寻欢作乐的性格"，甚至有作恶的冲动，这就是一个人的本我，海德就是这种心理倾向的外化。需要读者注意的是，日常生活中人的"本我"一般隐藏在内心深处，自己在自我反省时可能有感觉，但外人是决然看不到的。但作为艺术作品，却把内心深处看不见的这一面用艺术形象外化出来了。

这正应了德国人对文学的理解：让看不见的东西被看见。

3. 外我与内我

本我与超我，是从心理层面对人的自我的剖析。而如果从行为角度分析，超我和本我表现为内我与外我。

内我，即主体自我感觉、自我认识中的自己，是隐藏于内心深处的我；外我是通过行为表现于外的别人眼中的我。这二者可能一致，也可能不一致，而更多的情况是不一致。请看一首诗。

我是谁？

我是谁？他们也常常告诉我——
我镇静地、愉快地、从容地，
迈步走出监牢
就像一个乡绅走出自己的庄园。

我是谁？他们常常告诉我——
我习惯于自由地、慈祥地、清楚地，
对狱卒谈话，
似乎是我在发号施令。

不惑之惑

我是谁?他们常常告诉我——
我曾平静地、微笑地、自豪地,
忍受那不幸的日子,
好像常胜不败的人。

我真的像别人所说的那样呢?
还是仅仅像我自己对自己的认识那样呢?
紧张、渴望、懊丧,犹如笼中之鸟,

预料有巨变而辗转反侧,
萎靡不振,随时准备向这一切告辞。

我是谁?是这个人还是另一个人?
难道我今天是一个人,明天又是另一个人吗?
难道我同时是这两种人?在别人面前道貌岸然,
而在自己面前却是卑劣的懦夫?
或者,在我的内心世界里,我像一支败军
仓皇逃避已获得的胜利?①

这首诗的作者朋霍费尔(1906～1945)是第二次世界大战期间因反抗纳粹而惨遭极刑的德国新教牧师。他温文尔雅、彬彬有礼,对人和善友好,热爱和平,热爱自己的国家和文化,有强烈的正义感。他坚决反对希特勒政权的侵略扩张政策,因而被捕入狱。面临生死考验,他选择了反抗,因而也就选择了死亡,最后在盟军解放柏林前夕被残忍地杀害了。

朋霍费尔在敌人面前表现得镇定、愉快、坚毅、勇敢,以生命证明自己是一位真正的勇士,一位倔强不屈的英雄。然而谁能想到,

---

① 《朋霍费尔的狱中诗》,《文论报》2000.8.1

在他的内心深处竟然也充满着焦虑、恐惧、紧张、不安,也有畏惧和胆怯的一面。由此看来,朋霍费尔身上有两个"我":一个是表现于外的众人眼中的"我"(外我),一个是自我审视自我了解中的"我"(内我)。这两个"我"有明显的反差与矛盾,哪一个"我"是真的呢?我认为这两个"我"都是真的,是一个真实的人的两个侧面。朋霍费尔有后一面,说明他是一个和一般人一样的真实的人;有前一面证明他是一个勇敢的人。一个内心胆怯的人竟主动选择了死,由此可见他的选择是理性的,可见他的意志和信念的一面更强大,因此他赢得了人们的尊敬。

不仅如此,更可贵的是,朋霍费尔不像有的人那样有意识地隐瞒心中胆怯的一面,而是敢于正视它,并大胆坦露它,所以他的勇敢是双重的。人们不因为他心中曾有的胆怯而鄙视他,相反因为他敢于正视它而格外尊敬他。

面对别人告诉我的那个"我"(外我)和自我体认自我感觉中的我(内我)的不一致,朋霍费尔十分困惑,发出"我是谁"的疑问。这疑问难道只是朋霍费尔的吗?当然不是。事实上这是一个天问,一个哲学之问,一个生命之问,一个人人都可能有的疑问。对人的心灵世界洞察甚深的哲人们早就发现了人身上有两个"我"——外我与内我,而且常常不一致。正如一位学者所说:"社会生活中的个体与个人独处(独自面对自己的良心、自己的上帝、自己的宇宙)时的个体,反应、表现何其悬殊!一个人可以是一个良好的公民、模范的丈夫、优秀的父亲和贤妻良母,但独处时刻的扪心自问却不免发现自己是个罪人。每个人在不同程度上都是一尊神秘莫测的两面之神!"①

一个人身上既有"外我"又有"内我",而且常常不一致,是否说明人人都是伪君子呢?当然不是。判断一个人是否伪君子有两条

---

① 谢选骏:《荒漠·甘泉》,山东文艺出版社,第235~236页,1987

标准。一是内心阴暗却"说"得漂亮（而不是"做"得漂亮）；二是不敢承认自己内心的阴暗，而是千方百计掩饰它，美化它。朋霍费尔正是在以上两点上与伪君子区别开来，他不但敢于承认自己的阴暗面而且在精神上战胜了它，通过行为表现出了自己的伟大。也就是说"外我"不等于上文所说的"假我"，区别就在于"假我"是有意识地伪装，而"外我"不是。

4. 主我与客我

在日常生活中，我们常常会说"不由自主""身不由己""情不自禁"，意思是自己管不住自己，自己当不了自己的家，自己对自己无可奈何、无能为力。这说明每个人都感觉到了自己身上有两个"我"，其中想要管理、管制、主宰、监督的那个"我"，我们称之为主我，那个被管而又管不住的"我"，是客我。不由自主云云，其实就是主我与客我的矛盾与冲突。主我与客我并生共存，是人类心灵的又一秘密。

在人的精神结构中，主我代表理智、理性，客我代表感情、欲望；主我代表理想、追求，客我代表现实、存在；主我是一种有意识的自控力量、主宰力量，它常常给客我以提醒、规劝和引导，在说服客我。

主我与客我的矛盾早就被人们意识到并写在文学作品中。美国第三任总统杰斐逊在其散文中曾经解剖过自己的"心与脑的矛盾"。大意是：脑对心说，你为什么不听我的话呢？我明明告诉你有些事不能做，你为什么还要做呢？心对脑说，其实我也知道你说的对，但我就是不想按照你说的做。如果按照你说的做了，那我的生活就毫无趣味了。为了我已经获得的快乐，我宁愿接受你的指责。这段话中的"脑"代表主我，"心"代表客我。脑与心的冲突就是感情与理智的冲突，主我与客我的冲突，正所谓眼里看得破，肚里忍不过，身不由己，不由自主，情不自禁。

类似的例子举不胜举，这里聊举一例让各位对主我与客我的冲突有个更深的印象吧！

英国作家毛姆的长篇小说《人生的枷锁》（江苏人民出版社，1983）中的主人公菲利普是医学院大学一年级学生,在一家点心店认识了女招待米尔德丽德。米尔德丽德其貌不扬,瘦长的个子,狭窄的臀部,胸部平坦像个男孩,嘴唇苍白,皮肤发青,患有严重的贫血症,对待顾客冷若冰霜,傲慢无礼。按理说,她没有一点优势吸引男人的注意,然而她却引起了菲利普的喜欢。菲利普主动和她接近,想尽办法讨她的好,但她冷冷淡淡,心不在焉,拒人于千里之外。菲利普的自尊心一次次蒙受屈辱,一次次决心不再去见她,但他的决心往往坚持不了一天。到了第二天吃茶点的时候,他只觉得站也不是坐也不是。他尽量去想别的事情,可就是控制不了自己的思绪。菲利普恨死了米尔德丽德,他知道自己为她神魂颠倒实在傻透了,他知道自己最好的对策就是以后不再去找她。他狠了狠心决定再也不去那家点心店,可到时候他还是身不由己地去了。他只好一再痛恨他自己。

菲利普对自己管不了自己感到不可思议。他心想:她一无情趣,二不聪明,思想又相当平庸,身上那股狡黠的市井之气他也很反感,她没有教养,也缺少女性特有的温柔,而且胸无点墨,词汇贫乏,假充斯文,总之她俗不可耐,没有一点讨人喜欢的地方,可为什么自己偏偏爱上这样一个女人,这怎能不叫他厌恶、轻视自己！

厌恶也罢,轻视也罢,事实上他已欲罢不能。他感到这就像当年在学校里受到大孩子的欺凌一样,虽然拼命反抗直到筋疲力尽,四肢疲软,但最后还是束手就擒,听凭他人摆布。他现在迷恋上这个女人,又产生了那种疲软瘫痪的感觉。任她有种种缺点,他一概不在乎,甚至连那些缺点他也爱上了。他只觉得自己受着一股奇异力量的驱使,不断干出一系列既违心又害己的蠢事来。他生性酷爱自由,所以十分痛恨那条束缚他心灵的锁链。他诅咒自己竟如此迁就自己的情欲。

不惑之惑

　　菲利普对自己的认识是透彻的,他的理智是清醒的,他知道自己该怎么做——他热切地想从令人困扰的情欲中挣脱出来;这种可恨的感情只能叫人体面丢尽,他必须强迫自己不再去想她。

　　但眼里看得破,肚里忍不过,他下的决心依然做不到。而且,眼见着越陷越深,事情越来越糟糕。菲利普在精神上、钱财上的极大投入没能打动米尔德丽德的心。她明知菲利普深爱着她,却跟一个庸俗不堪仅仅只是许愿让她过好日子的小商人私奔了。小商人有家有室,玩够了就把米尔德丽德甩了。走投无路又怀了孕的她只好来求菲利普。此时的菲利普和一个叫诺拉的女作家同居。诺拉温柔多情,善解人意,对菲利普一往情深,让菲利普饱受伤害的心灵尽享温暖。但他一见米尔德丽德,立刻冷酷地中断了与诺拉的关系,又接纳了米尔德丽德。纵然她无心无肝、腐化堕落和俗不可耐,纵然她愚蠢无知、贪婪嗜欲,他都毫不在乎,还是爱恋着她。他宁可同这一个结合在一起过痛苦悲惨的日子,也不愿同那一个在一起共享鸾凤和鸣之乐。菲利普帮助米尔德丽德安家,生孩子,照管她们母女的生活。即使这样,菲利普的付出仍打动不了米尔德丽德的心。当菲利普的好朋友勾引她时她又毫不犹豫地离开了菲利普;而且,他们出走用的还是菲利普的钱。

　　总之,菲利普为恋爱该付出的都付出了,倾其所有,尽其所能,包括物质和精神。这是一场极其不平衡、不和谐、不可思议的爱情。菲利普对此十分清楚,但他就是不能自拔。在理智上,他清醒地知道绝不该爱这样的人,然而在感情上却认为,哪怕是天塌地陷,也得把她占为己有。这就是说,他的主我管不住客我,主我在客我面前无能为力,他的主我和客我分裂到了可怕的病态程度。

　　作者对人性的这种荒诞十分感慨,因而把自己的作品命名为《人生的枷锁》。

　　当然,我们可以说菲利普年轻幼稚,理智不健全,所以管不住自己,等将来长大了,思想成熟了,就不再有主我与客我的矛盾了。

这样说或许有可能,但也不一定。因为我们发现,在"长大"了的成年人那里,甚至在理智、理性高度发达的作家、思想家、精神伟人那里,也免不了主我与客我的矛盾。请看以下两首词:

临 江 仙
苏 轼

夜饮东坡醒复醉,归来仿佛三更。家童鼻息已雷鸣。敲门都不应,倚杖听江声。长恨此身非我有,何时忘却营营?夜阑风静縠纹平。小舟从此逝,江海寄余生。

浣 溪 沙
王国维

山寺微茫背夕曛,鸟飞不到半山昏。上方孤磬定行云。试上高峰窥皓月,偶开天眼觑红尘。可怜身是眼中人。

以上两首词中,苏轼感慨"长恨此身(客我)非我(主我)有",王国维感慨"可怜身(客我)是眼(主我之眼)中人",都是在悲悯自己的身不由己,感叹主我管不了客我。本来,两人在主观意识中都想凌空高蹈,远离红尘,在没有现实人际纷扰中寻求心灵的宁静,人格的独立。但是,客我身处现实的社会关系网之中,不得不为现实的切身利益而营营于世,与世沉浮。主我想完全绝对地控制客我而不能,这实在是人生的无奈,人人都躲不开的沉痛而悲哀的无奈。

5. 个我与他我

这里的"个我"指的是具有独立人格和与众不同的独特个性的"我","他我"则与之相反,指缺乏独立人格和独特个性,以"他者"的思想为自己的思想,随波逐流,消解于社会、公众、舆论中的"我"。

下面以一则真实资料来印证上述观点。

在我国"文革"前产生过广泛影响的长篇小说《青春之歌》的作

不惑之惑

者杨沫,晚年出版了《自白——我的日记》。关于此书,作家说"我保持了它的真实性,既不美化自己,也不丑化自己。我就是我!"①我们绝对相信作家的真诚,从日记中可看出作家严格遵守了真实的原则。唯其如此,她的日记才有可信性。

让我来介绍两则日记。

日记一:

我心里常常矛盾,又想做点合适的衣服,又觉得应当俭朴","我隐约感到,自己思想中已经有腐蚀的小虫在蠕动。有些地方追求享受,讲究穿戴。革命者的气概在减少。这很可怕。帝国主义、修正主义正在身旁,虎视眈眈,随时可能袭击我们,世界上还有无数劳动人民在受苦受难;一个共产主义者,不能把全部心力放在党的事业上,以人民的苦乐为苦乐,而过多地去想自己的生活,等等,这是该引起警惕的;前些天想买个地毯,后来终于克制住没有买。②

日记二:

杨沫多病,有一次婆婆到她家去,她因为照顾老人过于劳累而再次犯病,对此她写道:"这次给我的经验教训很深刻。我热情地为别人,为生活,喜做对别人有好处的事。其实,这是一种小资产阶级的任性与自我欣赏。因而'养病'这主要任务总是完不成。我恨自己这种性格。"在另一篇日记中又说:"不知该怎么责备自己才好:病屡次复发,不认真严肃地重视病的存在,这真是党性不强,自由主义的表现。"③

读着以上日记,现代青年人恐怕不大相信,认为这太虚伪太矫情,而只有从那个时代过来的人才会真的相信,杨沫说的全是实

---

① 转引自赵军:《杨沫》,见《文论报》,2000 年 7 月 1 日。
② 转引自赵军:《杨沫》,见《文论报》,2000 年 7 月 1 日。
③ 转引自赵军:《杨沫》,见《文论报》,2000 年 7 月 1 日。

话,她的自我解剖是真诚的,一点不假。

用现代思想观念去阅读以上日记,谁都会感觉到杨沫内心的严重冲突甚至分裂,感觉到她内心深处有两个"我":个我与他我。在杨沫这里,他我的内涵表现为政治思潮,社会时尚,极"左"思想。它可以让一个想做点合适衣服(这要求是多么合理而可怜啊!)的女性硬是感到自己正在蜕化变质,正在变成修正主义;可以让一个人将养病这种个人私事也上纲到"党性不强,自由主义"上,甚至将热心为别人做事说成是"小资产阶级的任性与自我欣赏"。

当然,杨沫的例子与当时特定的时代思潮有关,是特定时空范围内的特例。不错,事实确实是这样。不过,即使时代和社会变了,政治思潮社会时尚对人的影响不那么大了,但是只要人生活于社会中,他/她就永远摆脱不了时代、社会、时尚对自身的影响,所以,人们心灵中"他我"这一面将永远存在。事实上人们受他我影响应该说也是正常的,有益的,没有人可以拒绝来自他人的影响,问题是千万不可让他我遮蔽了自我,不可让他我挤掉了个我。如今,改革开放了,社会环境宽松了,思想自由了,个我可以充分发展了。但是,从各种媒体传来的信息铺天盖地一样地包围过来,使你目不暇接,接不遐想,你不得不接受各种思想各种信息的影响。在这种情况下须十分警惕被他我所俘虏,成为丧失自我的人。

在各种时尚观念的喧嚣裹挟下丧失自我,其实是很容易的事,一不留神不知不觉就成了流行观念的传声筒。如笔者曾问年轻学生你崇拜谁,答曰我崇拜我自己。第一次听到时我感慨半天,觉得时代真是变了,如今的年轻人真的是人格独立了,有自我了。后来无意中又问过几个人,得到的回答是一样的,这让我大失所望。于是明白某些年轻人的人格独立是一种假相,其实说到底他们并没有真正的自我,他们口号或信条是听来的,而且未加思考,不明白其中的深刻涵义,只知道口号的时髦,于是就以为是自己的思想了。

不惑之惑

### 6. 今日之我与昨日之我

以上我们从几个方面把"我"作为一个静止的对象进行了结构分析(这仅仅是有限的几方面),由此可看到"我"的构成的复杂性。不过,这只是从静态看出的复杂性。"我"的更复杂的表现在于,每个人的具体的"我"都生存于活生生的现实关系中,这些关系每时每刻都在发生着永无休止的变化,那么受制于环境的"我"也在随时发生着永无休止的变化。今日之我非昨日之我,此时之我非彼时之我,有道是"此一时也,彼一时也"。当然这些不断变化的我完全可能保持相对的完整与统一,但也可能发生"颠覆性"的质的变化,变得让人认不出是谁来。

例如,当年恋爱时,他和她好得如胶似漆,甜甜蜜蜜,心肝宝贝小鸽子小白兔叫得让外人感到肉麻,但人家自己却很真挚自然,两人好得没法表达了,也学着唐明皇和杨贵妃,对天发誓,今生今世不分离,海枯石烂不变心,在天愿做比翼鸟,在地愿为连理枝。不真诚吗?绝对真诚!然而曾几何时,两人劳燕分飞,甚至变为仇敌,恨不得你吃了我我吃了你,更有甚者,真正动了刀子,以人命案为结局。早知今日何必当初?不,今日是今日,当初是当初,谁在"当初"也料不到"今日",当初和今日之间是一个或长或短的时间距离,谁也料不定这中间人会有怎样的变化。

再如,据报载,北京一个贪官被判了刑,在法庭上他竟拿出一大摞子荣誉证书,以证明自己过去多么多么辉煌,为党为人民做出过多少多少贡献,以此要求减刑。他的证书是假的吗?当然不假,但真又如何?当年是当年,现在是现在,当年是英雄,现在是罪犯,今日之我非昨日之我,人的自我变了,"好汉不提当年勇"啦!

歌德曾说人的一生要经历许多次蜕变:"少年时期,闭门造车,叛逆性,/青年期,自大、目中无人,/中年期,老成持重,/到了老年,心浮气躁,反复无常!/如果像这样念你的碑文,/那绝对是人!"我们中国的孔夫子老早就说他的一生是"三十而立,四十而不惑,五十而知天命,六十而耳顺,七十而从心所欲不逾矩"。人的一生总是在不断变化的,没有永远不变的人。

7. 自然之我与社会之我

所谓自然之我,即出生时的我,那时的身份是自然人,和小猫小狗一样,只是一个生命而已。但一进入社会就进入社会角色,就开始获得各种各样的社会身份。如,首先是血缘关系带来的亲属身份。如对父母来说,你是儿子或女儿;对爷爷奶奶来说,你是孙子或孙女;对哥哥姐姐来说,你是弟弟或妹妹;对弟弟妹妹来说,你是哥哥或姐姐,诸如此类。旁边呢?你也许还有伯父、叔叔、姑姑、舅舅、姨妈等,多一个亲戚,你就多一重身份。后来恋爱了,你是男朋友的女朋友或相反;结婚了,生了子,你成为丈夫或妻子了,又成为父亲或母亲了。上学啦,你是老师的学生,同学的同学,朋友的朋友。到了单位,你是领导的下属,下属的领导。如果你是公务员,你先是科员,后来是科长、副处长、处长。还有,你从小起就很优秀,于是你获得了数不胜数的荣誉称号,你这也优秀那也优秀,你头上的帽子一顶又一顶,光环一重又一重。或者相反,你因缺点、错误乃至于犯罪,你获得了各种各样的灰帽子或黑帽子。那么到底哪个是你(我)啊?你(我)到底是谁啊?

自然之我很单纯,社会之我很复杂。到底我是哪一个,就看你从哪里问,你问的到底是什么!

8. 原初之我与受造之我

原初之我无非就是初来乍到这个世界上时候的我,就是那个自然人,一个人"类"中的生命。自然人的天性是希望按本性行事,顺其自然,想怎么样就怎么样。但你是生在"社会"中的呀!社会中可不止你一个人呀!那么多人在一起,怎么能让你一个人"想怎么样就怎么样"?社会是有规矩规范的,所以,为了让你和大家协调一致地相处,社会就要对你进行教育,向你灌输各种各样的规矩。换句话说,教育的过程就是让你社会化的过程,就是把你塑造

（改造）成社会可以接受乃至于社会赞赏的人。可以说，每一个社会中的人都不再是原初的自然人，而是已经"受造"的社会人。

9. 本真之我与昏昧之我

本真之我即没有经过任何世俗观念熏染诱导的原初之我，自然之我。这个我不能孤立生存，它理所当然必须进入社会，势不可免要接受世俗观念的熏染和诱导。世俗人追求的就会成为他的追求，社会风尚自然会成为他的追求目标，如功名利禄啊，权啊势啊，财呀色呀，如此等等。世俗如滚滚洪流，汹涌澎湃，势不可当，裹挟着芸芸众生不问青红皂白地往前走啊走。世俗养成了人们攀比的恶习——别人有的我要有，别人没有的我也要有；有了还想再有，没有满足之时。不能满足就痛苦，明知痛苦又摆脱不了，只好在痛苦的漩涡中打转转。

可是人的生存所需其实很有限啊，你要那么多干什么？我不知道，我不知道！我只知道大家都这样，所以我也这样。这样的人整个处于昏昧状态，这种人完完全全丧失了本真状态，远离了本真状态，所以我们称之为"昏昧之我"。

一路走来，我们罗列了那么多的我、我、我，似乎要把人弄迷糊了。其实你不用迷糊，这些不同的"我"只是从不同角度、不同侧面对一个人的观察或剖析，是一个人的不同侧面。换句话说，"我"是一个有多侧面多层次人格因素组成的、有机完整的、而且又是在不断发展变化着的活的精神体。这就相当于把多面镜子安放在一个人的前后左右上下四面八方，从镜子里反射出来的正是一个人形象的多个层面、多个侧面。不同的是，我们的镜子是内窥镜，窥见的是人的内在人格，内在心灵。

列出了这么多的"我"，那么到底哪一个我是我呢？我劝你最好别再这样问——这样问的思维太简单，有点像小学生。事实上，罗列出的哪一个我都是我，只不过不是我的全部，而是我的一部分，一个侧面，"我"是上述所有那些（不止这些）我的集合。"我"不但多面(静态),而且多变(动态),所以才让人一时有点看不清,所以才让历代人不断发出"我是谁"的追问。试想,如果人们的"我"只是单面,那还有疑问、还有迷惑么?!还需要永无休止地追问"我是谁"么?!

### (四)追问"我是谁"的意义

对"我是谁"的追问,反映了人们认识自我的强烈愿望。这一愿望不自今日始,而是两千多年前就开始了。哲学史上流传这样一个小故事:据说,2400多年前,有一个人大白天打着灯笼在雅典大街熙熙攘攘的人群中认认真真的四处寻找。人们问他找什么,答曰"找人"。众皆愕然。这个在人群中找人的人便是古希腊著名圣哲第奥根尼。听完这个故事的人大概会问这是真的吗?以笔者看,最好别太当真,请故且把它当作一个寓言来看。作为寓言,其象征意义是,聪明的人类已经认识到,人其实未必能真正认识他自己,未必真正知道"我是谁",未必找到了真正的"自我"。于是,从这个时候起,"认识你自己"的箴言就被刻在了古希腊太阳神阿波罗神庙(即德尔斐神庙)上。从此,"认识你自己"就成为人类觉醒以来文学和文化的一个永恒主题。

为什么古人对"我是谁"的问题如此感兴趣呢?因为人们发现生活中人的面貌往往不是单纯的、不变的,而往往是矛盾、冲突、甚至是"分裂"的,而且还是随时都在变化的,人们弄不清到底哪一个"我"是真正的我,所以才有如此尖锐而持久的自我质疑。

"我是谁"的问题被追问了几千年,至今仍然在追问,而且愿望更强烈,被更多的人意识到。何也?因为现代人活得太累了,太迷了,乃至于太昏了,找不到活着的意义,不知道自己到底要的是什么了。现代社会科技发达了,物质丰富了,但是人们的幸福指数不是提高了而是降低了。生存问题解决之后人们的欲望更多更高,功名利禄、权钱色一个都不能少,为此与人争啊,斗啊,抢啊,夺啊,以至于精疲力竭,烦恼不堪。精神的极度疲惫迫使人们反思,我这是为什么啊?这些都是我需要的吗?这样追问、反思的结果是想摆脱被种种世俗功利缠绕的那个我而返回本真的自我,这才有了"我是谁"的哲学之问。

问的结果是发问者自我意识的清醒。这类问题,当你处于混沌自发状态的时候你意识不到它是问题,而一旦萌生出这一问题,说明你已经开始清醒了——即使没有答案你也开始清醒了。

清醒了又能怎么样?清醒了你就知道现在的活法有问题,你就会有意识地调整它,纠正它,改变它,你就会寻找、呼唤、返回那个自然的、原初的、本真的自我。

然而那个自然的、原初的、本真的自我即使能够找到,但是能够返回本真状态吗?我想,大概不能!正如你已经是成人了再返回小孩子的状态是不可能的一样。既然不能返回,那么我们一直在呼唤寻找和返回还有意义吗?有意义!意义就是,它作为一个坐标,为你的返回确立了方向和目标,你向着它前进,虽不能至,心向往之。就在这个"心向往之"的过程中,你的心理,或者说你的精神生活中已经有了一个张力场,本真的那一端就会对你昏昧的状态起到一种叫醒、警示、抑制、纠偏的作用。我们完全可以相信,心里有一个"本真"存在,你就不会迷失太远,昏昧太过。所以,本真自我永远是人类精神生活中一个宝贵元素,现代人少不了它,人类永远少不了它。

### (五)叩问"我是谁"个案举隅

#### 1. 庄子对"我是谁"的思考

明确提出"我是谁"哲学问题的是西方人,但千万不要以为只有西方人才思考这问题,事实上,所有人类智者包括中国的先贤圣哲们自古以来都在思考这问题。与古希腊时代相应的我国先秦时期的《庄子》中,就有"庄周梦蝶"的故事:

一　我是谁

> 昔者庄周梦为蝴蝶，栩栩然蝴蝶也。自喻适志与！不知周也。俄然觉，则蘧蘧然周也。不知周之梦为蝴蝶与？蝴蝶之梦为周与？

这段话的大意是，有一次庄周梦见自己变成了一只翩翩飞舞的蝴蝶，多么的自由自在、惬意快乐啊！全然不觉自己原本是庄周。突然间醒来，惊诧之中方知原来我还是庄周。（于是疑惑产生了），不知是庄周梦中变成蝴蝶了呢，还是蝴蝶梦见自己变成庄周了呢？

"庄周梦蝶"的故事出自两千多年前，可以说庄子是中国哲学史、思想史、文化史上最早明确提出"我是谁"的问题的人。这一问题始终贯穿于中国哲学、思想、文化、乃至于文学艺术史中，直至当下。

2. 曹雪芹对"我是谁"的思考

众所公认，《红楼梦》是中国文化的瑰宝，曹雪芹是文学史上惊世的天才。曹雪芹的天才不仅表现于他的文学成就，还表现于他的哲学深度，对宇宙、人生感悟思考的深度。众多研究者认为，举凡关涉人生的诸多重大问题，在《红楼梦》中都有涉及，而且都有相当的深度。例如，"我是谁"的问题，《红楼梦》中就有精彩的讨论。对此，著名作家王蒙曾在他的"红学"专著《红楼启示录》（三联书店，2005）中设两节加以讨论，一节是"甄宝玉与'长廊效应'"，一节是附录中的"蘑菇、甄宝玉与'我'的探求"。下面我们把王蒙的主要观点介绍给大家。

王蒙说，"我"是谁？"我"是什么？"我"从哪里来，到哪里去？没有"我"之前和之后，"我"在哪里？"我"与"物"有什么对应的、等值的或相通的关系？这实在是一个本初的，令人不安的问题。在这个意义上说，"自我意识"就是"自我不安意识"，没有自我意识的万物，是没有这种不安的。

"我是谁"的提问，源于自我意识的觉醒，而自我意识的最初内容是人与物、人与自然界的分离。自我意识使人确认了自己不同于物，同时又使人对"我"提出了无数疑难问题。人是生活于自然世界之中，与自然物比，人的生存是短暂的，因此使人热衷于从自然物中找到"我"，找到人的永恒的实体、本源、象征（符号）与归宿。如果找到了，"我"就不那么孤独和短暂了，这是人与物、人与世界、人与永恒的认同，这会带来多少满足与慰藉！

王蒙认为，《红楼梦》为贾宝玉找到的对应自然物是一块石头，从大荒山无稽崖青埂峰来，到大荒山无稽崖青埂峰去。这样一个别致的象征实体，与其说令人悲凉不如说令人平安、平静。人和石，这是"我"与自然物的第一层对应关系。

石头包括了玉，而且是通灵宝玉。因为它已经过了神——女娲的锻炼，虽然无材补天，却已通了灵性。"宝玉者宝玉也"，宝玉就是"我"。石与"宝玉"，人的宝玉与物的宝玉，这就构成了"我"与自然物的另一个层次的矛盾统一。

贾宝玉衔玉而生，离奇的处理表现了宿命的先验性。当"我"与对于"我"来说是先验的存在——自然物联结起来的时候，"我"面对着的是无可讨论的宿命，"宝玉"是生就的。同时，这一情节也表达了与生俱来的对于"我"的寻找，与生俱来的给有关"我"的种种疑问提供答案的愿望。"我"的本质是玉，玉的本质是石。

而这种本质是假想的，虚构的。这就是说，"我"是存在于世界上的。"我"又是存在于我的意识之中的。玉与石，其实不是本质而是存在于"我"的意识之中的符号。而符号是有衍生能力的。有了乾卦便可以生出坤卦来，有了乾坤二卦又可以生出其他六卦来。同样，宝玉有了玉，便衍生出宝钗的金锁，湘云的金麒麟，张道士给宝玉的、被宝玉丢掉又被湘云命丫头翠缕捡起的更大更有文采的金麒麟。本是人想象整理出来的符号秩序反过来主宰了（至少是干扰着）"我"的命运。这就是"金玉良缘"的阴影始终笼罩在宝玉与黛玉头上的情况的发生。"我"与自然物的关系安慰了"我"也干扰了"我",这就又进了一层。

当然,"木石前盟"——宝黛爱情也是宿命,"还泪"说法尤其奇警、浪漫、动人。"木石前盟"的说法除了表达一种赞美的诗情以外还说明:第一,宿命和宿命也是互相打架的。曹雪芹的宿命论高于其他的命定论的地方恰在此处。第二,宿命和人情人事是可以互相打架的——所以宝玉几次发狠摔玉。贾宝玉真心要清除这个"劳什子",偏偏这"劳什子"又是他的"命根子",几次丢玉的经验证明,众人也都确认,这"劳什子"——"命根子"是须臾不可离开的。第三,"木石前盟"虽然是宿命,但这种宿命没有得到符号的体现,没有认同与纳入符号秩序之中,甚至没有得到木、石化身的黛、宝的自觉,所以从表面上看,它是远远无力的(虽然从深处看他已赢得了双方与世代读者的心)。

而且,木是与石相对相知的,金则是与玉相配相应的。"木石前盟"与"金玉良缘"的矛盾其实也是石与玉的矛盾即宝玉自身的两种身份两种属性的矛盾的表现。宝玉是玉——自然的,纯朴的,本初的;当然他倾心于黛玉这株草木。平头百姓总是自称"草根儿"嘛。宝玉是玉,是"昌明隆盛之邦,诗礼簪缨之族"的公子哥儿,他无法不接受"金"的匹配。"我"与自然物的分离与认同,最终与"我"与"我"的分离与认同相关。对于"我"的思考,显示了《红楼梦》达到了一定的思想深度。

然而"我"并不满足于仅仅从人与物的关系中寻找、认识、寄托自己。为了寻找、认识与寄托自己,还必须考虑"我"与"人"的关系特别是"我"与"我"的关系。

人皆有我,人皆是我。所以,每个人都可以成为自己的镜子,不独魏徵与唐太宗然。而我亦是人,我不但是人之人而且是我之人。就是说,第一,"我"是认识的主体,"我"是我的对象。"我"与自然界、"我"与"人"的分离终于导致了"我"与"我"的分离,可以说这是自我意识中的一个迷宫,也可以说这是自我意识的一个飞跃,一个境界,到这时,人对"我"的认识进入了新层次。

所以,《红楼梦》中的贾宝玉常常因人及我,从"聪明灵秀的女儿"想到"我"这样的"须眉浊物",从龄官对贾蔷的情感想到自己无法占有所有的情,甚至从秦钟身上也联系到自己不过是"泥猪癞狗"。

仅仅这样还不够。《红楼梦》里还设计了一个与贾宝玉一模一样又似乎颇不相同的甄宝玉。甄宝玉就是镜中的贾宝玉,也就是作为对象而非作为主体的那一个"我"。《红楼梦》五十六回明确写了贾宝玉对着镜子睡觉,梦见了甄宝玉。甄宝玉是另一个同样的环境中的同样的"我"。这个"我"并不承认贾宝玉的真我,而称贾宝玉的真我为"臭小厮"。作为主体的"我"与作为对象的"我"不相通,这实在是一个麻烦,一个苦恼。整体来说,甄宝玉在书中写得并不成功,贾宝玉外又搞个甄宝玉甚至给人以画蛇添足之感。但这一回确实写得细致入微,惊心动魄,深入到人的意识的深层面中去了。何必是贾宝玉?练气功也好,从泥丸宫中跑出灵魂也好,"反思""自我批评"也好,谁不想、谁没有一个隐蔽的愿望想从"我"中跳出来,客观地如实地看一看"我"呢?这样一种对于自我的超越与审视,难道不是令人激动的吗?

所以需要镜子。所以整个《红楼梦》又名"风月宝鉴",《红楼梦》就是一面镜子。"镜子说"未必注定就是贬低文学,人的创造物中镜子是最值得赞美的。它不但是光学的也是哲学的成果——使"我"观察"我"。甄宝玉是贾宝玉的镜子。贾宝玉又是曹雪芹的镜子。《红楼梦》是曹雪芹的镜子也是读者的镜子。反过来说,何尝不可以说贾宝玉是甄宝玉的镜子?乃至人生某些时候反成为文学的镜子?镜子对镜子,实像变虚像,虚像变更多的虚像,镜子本身也变成虚像,这叫作"长廊效应",即两个镜子对照所产生的那个最普通也最诱人的效应,似乎一下子就放眼到了无限个无限的那个效应。这么说,曹雪芹写甄宝玉,就不是"添足"而是匠心独运,不可或缺的了。

众所周知,王蒙不但是杰出的学者型作家,还是杰出的评论家,他以天生的聪明和小说家的独特优势解读《红楼梦》,从"我"与"物"、"我"与"人"、"我"与"我"三个层面讨论曹雪芹对"我是谁"问题的思考,见解独特,发人所未发,堪称是曹雪芹的异代知己,让人深受启发。

笔者在这里想补充的一点是,贾宝玉和甄宝玉两个人的形象、身份、地位一模一样,简直就是一个人,但性格特征却完全相反:贾宝玉坚持自我,固守自然天性,向往自由,拒绝世俗社会所加给他的绳索;甄宝玉却满口仕途经济,道德文章,正是贾宝玉所讨厌的那类人。如此的相反,其实也相成。相成就相成在我们可以把他们两个人理解为世俗社会中人的两面:内心深处是贾宝玉,而外在行为是甄宝玉;心灵生活向往自然天性,但为了在社会中生存,为人处世却不得不遵从社会的游戏规则。这种人的生活是矛盾的,心灵是分裂的,性格是两面的。这或者就是曹雪芹本人的困惑,或者至少是他观察到的世人的普遍困惑。他把这种困惑化为艺术形象,就是两个宝玉的矛盾和对立。和曹雪芹所处的时代相比,现代社会自由宽松多了,但是,曹雪芹的困惑不是还普遍存在吗?不信你看看你身边的人,再想想你自己!

3. 王蒙对"我是谁"的思考

上文介绍的曹雪芹对"我是谁"的思考,是王蒙解读出来的。他能看出二百多年来别人未能看出的内容,说明他心里有"我是谁"这一问题在,他有清醒的认识自我的哲学意识。有这一意识的人既能从别人作品中看出同样意识的内容,又能在自己作品中体现同样的意识。事实上,早在改革开放之初(1980 年 2 月),王蒙就在自己创作的中篇小说《蝴蝶》中非常醒目地表达了对"我是谁"问题的思考。那时"伤痕文学"正流行,人们的眼界还在政治上呢,王蒙就已经在政治内容中融入了哲学意蕴。

## 不惑之惑

题目《蝴蝶》,直接化用"庄周化蝶"的典故,点出了作品的主旨。

作品核心人物张思远,高级干部,国务院某部副部长,作者以他的回忆、反思为线索,写出了他波澜壮阔、曲折复杂的一生。他出身贫苦农民家庭,小名石头——他妈叫他小石头,从小参加革命,在部队当过文艺兵,然后升任张教员,张指导员。新中国成立后进城,他以年轻的老革命身份当上了某中等城市的军管会副主任。然后是主管全面工作的一把手党委书记,威风八面,威权赫赫,跺一脚地动山摇。"文革"开始,他一下子从权力巅峰跌落,成了走资派、叛徒、"三反"头子,被打倒、被批判,他在台上弯腰缩脖、低头认罪,未老先衰,面目可憎,任凭别人辱骂、殴打、诬陷、折磨却不能还手,他成了贱民,成了被党被人民被社会抛弃的丧家之犬,之后住监狱。三年后出狱,他要求到儿子下乡的偏远山区接受改造,在贫穷的山区他成了善良、朴实、正直的老张头,成为普通老百姓中的一员。文革后期,他重新回归干部队伍担任要职,"文革"结束,他又官复副部长。

当上副部长的张思远,整天有开不完的会,批不完的文件,作不完的指示,整天被秘书、警卫、司机所包围,走到哪儿都前呼后拥。但张思远并没有忘记山区人民,没有忘记那里还有他的儿子,还有患难时期把他当朋友的普通老百姓,他决定回去看望他们。他拒绝了部里的安排,拒绝以副部长的身份回山区,决定以普通老百姓的身份回山区,在那里他受到了热情的接待,他还是人们眼里的老张头。在孤身一人返回山区的路上,他和普通老百姓一样挤在汽车、火车上,一样的住几十个人同住、烟气汗气臭气熏天的大房间,一样受人欺负受人奚落。巨大的待遇落差让他感慨万千:

> 那个坐在吉姆牌轿车上穿过街灯明亮、两边都是高楼大厦的市中心的大街的张副部长,和那个背着一篓子羊粪,曲背弓腰,咬着牙行走在山间的崎岖小路上的"老张头",是一个人

吗?他是"老张头",却突然变成了张副部长吗?他是张副部长,却突然变成了"老张头"吗?这真是一个有趣的问题。抑或他既不是张副部长也不是老张头,而只是他张思远自己?除去了张副部长和老张头,张思远三个字又余下了多少东西呢?副部长和老张头,这是意义重大的吗?决定一切的吗?这是无聊的吗?不值得多想的吗?

如其所愿地回到遥远的山乡,山民们热情地接待他,他们一起喝酒、抽烟、睡炕、拉家常,他重温了曾经的艰苦和友情,他想请儿子回到他身边,想带患难之交秋文跟他回去成为他的夫人,但他们都拒绝了。张思远又一人上路了,不过这次是享受的他那个级别的干部待遇。这又让他经受一次生活的变化:

> 下了这样的车,他住进只供外宾和高级干部住的宾馆。新安装的空调设备,开动起来就像野蜂在花的原野上飞舞。洁白的浴盆。小巧而方便的电加热淋浴喷头。然而这一切与他是没有多少关系的。这一切并不决定于他本身,他自己。他自己毋宁说是更适合那个遥远的山乡。他到那里去寻找秋文,寻找冬冬(张的儿子——引者注),寻找那还没有失去的老张头,寻找一个被农民所信赖、所关照的不幸的幸运的人。现在,他离去了。高级宾馆的一夜之后是四个小时的飞行。然后又是他的吉姆轿车,秘书到机场来迎接,使他确认了自己的副部长身份。又是繁华的街道,雪白的快行线,又是红灯。

纵观张思远的人生轨迹,他经历了低—高—低—高的起伏变化。巨大的变化使他获得了多重身份,巨大的落差使他进入"庄周梦蝶"之惑。值得庆幸的是,张副部长通过山乡之行,清醒地明白他身上炫目的一切"并不决定于他本身,他自己",剥去附加在他身上的名誉地位,他还是他——她妈的小石头,山民的老张头。

这篇小说发表之后即引起文坛热情的关注。当时那种情境下多是从社会、政治、意识形态角度评论其社会意义——党的干部千

## 不惑之惑

万不能忘记老百姓,不能脱离老百姓,老百姓是党员干部之魂。这一解读是不错的,而且至今仍有意义。但是,作品仅有思想政治意义吗?当然不是,从人生角度看,作品提出的正是延续了几千年的"我是谁"的哲学问题。王蒙的高明之处在于,他于惯常的社会政治题材上赋予了哲学意义,他把一个高级干部的反思上升到了哲学的高度,他是从哲学而非仅仅从政治角度提醒党的干部,不要忘了"我是谁",要时刻牢记"我是谁",只要有"我是谁"这个问题在心里,就不至于头脑膨胀,忘乎所以。

我们的干部,上上下下的各级干部,缺的正是这样的哲学思维!有时候,一个道理如果仅仅从社会政治角度去申说,说一千遍一万遍也是白说,他们的耳朵听出厚茧来了。但是,如果上升到哲角度学,思维角度变一变,或许会更有深度,更有震撼力。

王蒙对"我是谁"的思考,在当代作家中是最早的也是最为执着的。1987年他发表了复出以来第一部长篇小说《活动变人形》。"活动变人形"是小说主人公倪吾诚给儿女们买的日本玩具。玩具中的人是由五颜六色的三部分组成的:戴帽子或者不戴帽子或者戴与不戴头巾之类的玩意儿的脑袋,穿着衣服的身子,第三就是穿裤子或穿裙子的以及穿靴子或者鞋或者木屐的腿脚。而这三部分是活动可变的。比如一个戴着斗笠的女孩儿,她的身体可以是穿西服的胖子,也可以是穿和服的瘦子,也可以是穿皮夹克的侧扭身子。然后是腿,可以穿灯笼裤,可以是长袍的下半截,可以是半截裤腿,露着小腿和脚丫子,也可以是穿着大草鞋。这样,同一个脑袋可以变成许多人。同一个身子也可以具有好多样脑袋和好多样腿。原来人的千变万化多种多样就是这样发生的。作者把这一玩具名当作小说名,显然是有寓意的。从人生角度解读,其寓意就是,人太复杂了,太多种多样、富于变化了,那么它的哪一个"我"才是我呢?

作品主人公倪吾诚就是一个复杂的多面的富于变化的人。因为篇幅的原因,本文不再全面叙述作品的故事,不再描述倪吾诚是怎样的一个人。这里只介绍小说结束时他的儿子倪藻(语言学副教授)对他父亲的感受:

> 在父亲辞世几年以后,倪藻想起父亲谈起父亲的时候仍然能感到那莫名的震颤。一个堂堂的人,一个知识分子,一个既留过洋又去过解放区的人,怎么能是这个样子?他感到了语言和概念的贫乏。倪藻无法判定父亲的类别归属。知识分子?骗子?疯子?傻子?好人?汉奸?老革命?堂·吉诃德?极左派?极右派?民主派?寄生虫?被埋没者?窝囊废?老天真?孔乙己?阿Q?假洋鬼子?罗亭?奥勃洛摩夫?低智商?超高智商?可怜虫?毒蛇?落伍者?超先锋派?享乐主义者?流氓?市侩?书呆子?理想主义者?这样想下去,倪藻急得一身又一身冷汗。①

当最了解父亲的儿子想到父亲时风起云涌般一下子想起这么多名号和判断,说明他的父亲和随便哪一个名号都有关系,随便哪一个名号都是他的某一个侧面,所有这些名号还有未名命的名号加起来才是完整的倪吾诚。倪吾诚是个无法说、说不完、说不准的人。

《活动变人形》是阅历丰富、聪明绝顶的王蒙对人和人生的深刻领悟,他在感叹人、人生的深奥与复杂、神秘及变化!!

4.《告诉我我是谁》对"我是谁"的思考

邹月照的短篇小说《告诉我我是谁》(《作品》,1994年第1期)虚构了一个荒诞怪异的故事:某大学美学副教授奇运,夜过马路,突然被一辆疯狂的奔驰轿车撞倒,车从胸口辗过,当场死亡。奔驰车撞向路旁栏杆,司机脑袋开花,亦当场毙命。奔驰车司机是当地国企大老板马奔,酒后驾车闯下大祸。两具尸体同时运到医院,医

---

① 王蒙:《活动变人形》,人民文学出版社,第316页,2005

生突发奇想,把奇运完整的大脑移植到身体完整的马奔的脑袋里。手术成功,一个新生命诞生了。

新生命具有美学副教授奇运的大脑和企业家马奔的肉体,那么他到底是谁呢?他将怎么生活呢?小说围绕"我是谁"的问题逐步展开。

人的一切行为由意识即由大脑所支配,所以新生命的思想意识属于奇运,而他的身体明明是马奔,他只能以马奔的身份回归社会。回归社会后的马奔对一切都不适应,他对一切都感到别扭,不想接受。他是大企业的总经理,回到公司后要过总经理的生活。首先是赴宴。酒桌上山珍海味,都是国家保护的珍稀动物,他一脸惊愕;宴会上的进口美酒红得如血,他大为惊慌,因为奇运从来不喝酒。公司里要购买违法的走私汽车,需要他利用自己的身份和交情到银行搞"潜规则",他感到这一切匪夷所思。还有,回到家里,美艳娇妻阿玉温柔缱绻令他慌乱不已,因为他心里一直想着他深爱的妻子安怡,他从来没有婚外情的想法,他感情上绝对忠于自己的妻子。

但是,新生命大脑里想的一切,身体却不执行,不接受,不合作。面对他从来没见过也不敢想的八千八百元的酒宴,猴脑、熊掌、穿山甲、娃娃鱼勾引得他口涎涌动,肠胃咕咕呼叫,无奈只好向肠胃投降,"痛苦而快乐地把珍稀动物往口腔里填塞",并赞扬味道确实不错。新生命顺从了马奔嗜饮法国人头马干邑白兰地的习惯,产生一种如同温暖柔软的小手抚摸食道般崭新奇妙的爱意。面对身穿性感睡裙的阿玉,他坚守审美是高级的意识活动而非低级的感官享受的原则而排斥,但是当阿玉狂热地把他紧紧搂着的时候,他的"低级感官"违反他的意志坚挺起来。总之,奇运的审美理念根本主宰不了马奔的肉体,他的精神堤防脆弱不堪,一交战即现败绩。

新生命对于这种似我非我的生活不甘接受,他怀念过去奇运的生活,希望回到过去去。他回到家里面对自己的妻子和女儿,希望她们接受他,反复解释自己就是奇运,并且用诸多只有他和妻子才知道的事情证明自己的身份。妻子和孩子将信将疑,不敢肯定。但接下来的相处中新生命的表现越来越不像奇运,越来越像另一个人。后来,奇运的妻子安怡知道了事情的真相后悄然离去。她留下纸条告诉他:"我看出,你已经适应并且喜欢过马奔式的生活。我只希望你在当马奔的同时,能保留一些奇运的东西——一点精神。"

  作品的故事是荒诞的、离奇的,但作者想传达的主旨却是严肃的、明确的。作者看到现实生活中,尤其是受到市场经济冲击以来,相当多的一些人内心是矛盾的,思想和行为是冲突的,人格和精神是分裂的。他们一方面想坚守理想、信念和道德,一方面又经受不住物欲和金钱的诱惑。这些人的内心深处常常是灵与肉、欲望和理性交战的大战场。理智上他们明明知道该怎么办,但在实际行为中却又不想、不能怎么办。他们身不由己,不由自主,情不自禁,总之是自己管不住自己。他们不甘心就范但又无可奈何地一步步就范,他们犹豫彷徨,找不到一个坚定立足的地方,他们就像小说中的"新生命"一样,弄不清到底哪一个我是真正的我,不知道自己到底是谁了,所以才迫切地呼唤——"告诉我我是谁"。

  新生命是现实生活中相当多一批人的精神写照!

  "告诉我我是谁"是作者的愤世之言,也是他的忧世之言和警世之言。

## (六) 附录:小诗三首

**我是谁**

[意大利] 帕拉采斯基

  我,或许是一名诗人?

不惑之惑

不,当然不是。
我的心灵之笔
仅仅描写一个奇怪的字眼——
"疯狂"。

我,也许是一名画家?
不,也不是。
我的心灵的画布
仅仅反映一种色彩——
"忧愁"。

那么,我是一名音乐家?
同样不是。
我的心灵的键盘
仅仅弹奏一个音符——
"悲哀"。

我——究竟是谁?
我把一片放大镜
置于我的心灵前
让世人把它细细地
察看。

我是谁?
——我的心灵驱使的小丑。

一　我是谁

## 世上每个人都特别有意思
[俄罗斯] 叶夫图申科

世上每个人都特别有意思。
他们的命运就像行星的历史。
每颗星有自己独有的一切，
星际再也没有类似的世界。

如果有人一辈子都很平凡，
而且和平凡生活相处甚安，
那么他的这种不引人注目
正是他在人间的有趣之处。

每人都有他个人的神秘世界。
这世界有它最美好的时节。
这世界也有最可怕的瞬息，
可是这都不会为我们知悉。

如果一个人死去，与世永诀，
随着他，死去了他的第一场雪，
他的第一个吻，第一场战斗——
这一切都将被他随着带走。

不错，留下了桥梁留下了书，
留下了机器留下了画幅，
不错，有不少东西留在人间，
但总还是有东西一去不返！

不惑之惑

　　　这就是这场残酷游戏的规律。
　　　并非人死去，而是世界死去。
　　　我们记得这些有过失的凡人，
　　　可我们何曾当真了解他们？

　　　我们何曾了解兄弟了解知己，
　　　我们何曾了解唯一的爱侣？
　　　哪怕是对我们自己的家父
　　　我们所知虽全，所知等于无。

　　　人们一一离去——不可挽回。
　　　他们的神秘世界都永不复归。
　　　就因为这一切的一去不返，
　　　每次都逼得我要放声呼喊。

## 惊奇

[波兰] 希姆博尔斯卡

　　　为何在一个人身上这样过分？
　　　是这人而非别人？我为何在此？
　　　是在星期二这天？在屋里而不是在空巢中？
　　　身披皮毛而非鳞片？长着一张脸而非一片树叶？
　　　为什么我这个人只存在一次？
　　　正好是在地球上？在这颗小星星下面？
　　　在经历了没有在此生存的众多世纪里？
　　　经历了那样多的沧海桑田和生长繁殖？
　　　所有那些甲壳动物？所有那些星座？
　　　恰好是现在？又是如此彻底？

## 一　我是谁

独自一人在家？为什么不是
住在隔壁或者相距百里之外？
不是在昨天,也不是在一百年以前。
我生在这里,望着黑暗的角落。
——正像我突然抬起了额头,
盯着那被称为狗的狂吠乱叫。

## 二 路彷徨
### ——两难选择

在漫长的人生旅途上,我们会无数次走到十字路口(或多向岔路口)前,没有路标,你不知该往哪里走:老师说该这样,父母说该那样;朋友说该这样,同学说该那样;书本说该这样,经验说该那样;你自己也没主意,一会想这样,一会想那样;先是想这样,后又想那样——不管怎样都有道理,于是你无所适从,困惑迷惘。——这种状况,我们称之为人生的"两难选择"。

仔细观察生活,发现这样的两难选择数不胜数。本书择其要者,略加讨论。

### (一) 顺乎世情与坚守自我

读湖南作家王跃文以官场生活为题材的小说《国画》(人民文学出版社,1999年),感想良多,其中之一是两个人物的比较。这两个人物是同乡、同学和朋友,内心深处也有相通的地方,但又绝对是两种性格两种道路两种人生。这两个人是主人公朱怀镜和曾俚。

1. 顺乎世情的朱怀镜

朱怀镜来自农村,从小家境贫寒,经历过艰难困苦的生活。这种生活在他心灵上打下了深深的烙印,即使当官后也仍然时不时地想起贫穷的乡村。他买双皮鞋,买件衣服,或下馆子吃顿饭,总

## 二 路彷徨

会突然想到花的这些钱,父亲得辛辛苦苦做半年或是做一年。他太熟悉乡村,太熟悉父亲一样的农民了。那仍然很贫穷的广大乡村,是他永远走不出的背景,是他心灵和情感的腹地,他有永不消散的"农村情结"。但他毕竟离开了农村,离开了父老乡亲,已经逐渐融入到现代城市、现代官场直至权力中心之中了。

故事开场时,朱怀镜从家乡乌县副县长调任市政府某处副处长已经三年。三年来他饱尝官职低微所带给他的压抑和屈辱,他下决心要改变自己的处境。要改变处境,就必须升官;要升官就必须让领导赏识(他说如今有时候最大的法不是宪法,而是上司对你的看法);要取得领导的赏识就必须同领导拉关系套近乎。这一套果然有效,终于引起了市长和秘书长的注意。但光是引起注意还不够,还得有投资,即需要送钱。他说,现在玩得活的,是那些手中有权支配国家钱财的人。他们用国家的钱结私人的缘,靠私人的缘挣手中的权,再用手中的权捞国家的钱。如此循环,权钱双丰收。可我处于这个位置,就只好忍痛舍财,用自己的血本去投资了。于是他以祝贺市长儿子出国的名义向市长送礼二万元。妻子担心人家不收反落没脸面,他笑妻子观念太落后不了解行情。他说现在送礼一不需要理由——千条理万条理送是硬道理,二不要送货物——这样货那样货钱是硬通货。你别担心有人会拒礼。正派的不要钱的领导肯定有,但我可能还没有这个福气碰上。当然好人肯定有,而且比坏人多,但我不知道谁是坏人,也不能指望谁是好人。因此必须送。送礼成功,朱怀镜官升一级,被提拔为财贸处处长。后来他在官场上混得如鱼得水,直至副厅长。再后来由于官场波诡云谲的权力之争,他也曾一度翻船丢官,但终因关系网络的法力,重又当上某地区地委副书记。

2. 坚守自我的曾俚

曾俚呢,与朱怀镜从小学到高中都是同学。大学时朱怀镜上的是荆都财经学院,曾俚上的是北京大学中文系。从第一个寒假起，朱怀镜就发现曾俚像是变了一个人，总是慷慨激昂、指点江山的样子，思想深沉而激愤。朱笑他活像五四时代的青年，他却正经说五四运动的使命并没有结束，青年人应该继续发扬五四传统，对社会尽到自己的责任。大学毕业后，曾先是分在北京一家报社，后来常换地方，去过许多家报社和杂志社，皆因性情耿直倔强，笔锋尖锐犀利而为俗世所不容。作品中曾俚出现时正在一家市级政协机关报《荆都民声报》当记者。人到中年，没有婚恋，没有家庭，住在单位一间七平方米的杂物室里，一床一桌一个大提包，即是他的全部家当。朱看他身无长物，只有一脑袋也许不该他思考的问题。

小说对曾俚的描写主要是两件事。

第一件是他调查并报道了乌县皇桃假种案。事情是这样的：几年前乌县领导主张发展特色水果，提出引进外省优质皇桃。县里制订了皇桃发展规划，准备建成皇桃基地十万亩。这个规划太大了些，但干了三年，还是建成了五万亩的皇桃基地。那些按照县里统一号召栽了皇桃的农民，天天精心侍候着果园，一年到头做着发财梦。县领导说皇桃价格是一般普通桃的五六倍，县里罐头厂准备搞皇桃系列加工，保证收购全部鲜皇桃。可是谁也没有想到，果园该挂果了才发现成片的桃园里桃种五花八门，就是没有一棵皇桃。原来让人在桃种上做了手脚。农民被激怒了，请愿上访要求解决问题，但几年过去一直没有了结。这种事只要媒体不曝光，一般就被永无声息地压下了。但曾俚知道后抓住不放，详细调查后以《皇桃黄了，谁家赚了》为正标题，以《乌县五万农户两千万血汗钱付流水，三年来盼致富终成梦》为副标题披露了这一事件，矛头直指县领导。朱怀镜知道后，认为曾俚只认公理不讲人情。现在一般在外地工作的人，总想让自己脸面上光彩些，同家乡父母官搞得近乎些，大家凡事好有个照应。可曾俚好像全不理会这些。朱怀镜在心里佩服曾俚的正直，却又认为他不太识时务。现在你只顾说真话，不怕得罪人，到头来不但没有谁说你好，反而只会让

## 二 路彷徨

你自己的形象滑稽起来。他决定有机会劝劝曾俚。

作品中写到曾俚的第二件事是，他坚持报道乌县一起骇人听闻的人命案。事情的起因是，按照惯例，每逢上级领导要到县里视察工作，县公安局和民政局就奉命将街头乞丐、疯子、算命先生等收容起来供养几天。但这几年县里财政越来越紧张，而且将这些五花八门的人供养几天也很麻烦，所以只要上面来人，县里就将这些街头流浪者集中起来，半是哄骗半是强制，将他们拉上汽车运往外地。当汽车行至几百公里以外的荒郊野岭，再哄他们下车，说是让他们解手、吃饭，等这些人一下车，司机就嘭地关上车门飞快地跑回乌县，任那些人哭爹叫娘也没人管。这次为了迎接市长的到来，县领导对整治街头秩序非常重视，由公安局和民政局各派一位副局长亲自押车将街头流浪者送往外地。但是谁也没有料到，汽车在中途翻下悬崖，车上四十六名流浪者和两位副局长、司机全部遇难。面对如此惨绝人寰的人命事故，县领导准备大事化小小事化了，将死者家属安抚下来算了。但此事偏偏被回家探亲的曾俚知道了，他愤怒到极点，无论如何坚持要报道。朱怀镜受县领导之托前来说服曾俚。恰在这时，正赶上曾俚弟弟下岗，家里生活极为困难，曾俚帮弟弟找工作，县里已答应给予安排。七十多岁的曾母听说大儿子要与县里过不去，小儿子工作要黄了，气得服毒药自杀，弟弟气得冲着他又打又骂。曾俚万般无奈，悲怆欲绝，仰天长叹，泪流满面。朱怀镜对曾俚很愧疚很同情也很无奈，心想曾俚在为正义慷慨陈词的时候他家中的老母亲却正在因为他的正义走向死神，他为正义要承受来自四面八方的巨大压力，"如此现实，除了让人世故、委琐和庸俗，还能叫人怎样呢？"

### 3. 严峻冷酷的两难选择

通过以上的简略素描，朱怀镜与曾俚两个人物形象的大体轮廓基本呈现出来了：一个是扭曲着自己的灵魂以顺乎世情的"成功"者，一个是坚守着自我的人文情怀，拒绝与污浊的世情同流合污的"失败"者。

"成功"与"失败"的秘诀只在一点,那就是对世情的态度:顺应还是拒绝。朱怀镜承认了世情,认同了世情,自觉顺应了世情,所以他"成功"了。曾俚与之相反,所以"失败"了。

朱怀镜对世情的顺应最主要的体现在两方面。一是"接近领导"。对于这一点,他是由开始的不顺应到虽然无奈却是自觉主动地扭曲自己去顺应。他向妻子解释过他的这一变化过程(主要用来说服妻子同意拿钱送礼)。他说,我的为人你是知道的。这么多年我一直是靠自己的本事吃饭,从不曾在谁面前低三下四过,从没有去拍过谁的马屁。我刚三十岁就当上副县长,一是运气,二是自己的能耐。可如今世风变化太快,你在官场上就不能再全靠本事吃饭了。我来这里三年多了,我忍耐了三年,等待了三年,观察了三年,也痛苦和矛盾了三年。

这三年中我越来越清楚,再也不能抱着自己过去认定的那一套处世方法了。那样只能毁掉自己的一生。我也想过,不是自己没本事,而是没人在乎你的本事;我不去同领导套近乎不是我目无官长,而是长官无目。这三年中,我时时感到不平甚至愤慨的,就是认为长官无目,总幻想哪位有眼光的领导有一天慧眼识才,赏识我重用我。我越是这样想就越不愿主动同领导接近,心里带着一股气,这已近乎一种病态心理了。确实,他们口上说的,当然是堂而皇之的组织原则、组织路线,好像他们用人都毫无私心,完全公道。可是,在这种体制和世风下,再好的组织原则、组织路线,也得看他们的个人道德啊!什么是组织?组织最后就是一个人!所以说到底,你把自己的命运赌在他们的个人道德水平上是很危险的事情。你幻想他们道德完善、良心发现,太可笑了。因此朱怀镜决定用金钱铺平接近领导的道路,结果他的目的达到了。

朱怀镜顺应世情的第二个主要表现是,他熟练地掌握了官场的"游戏规则",编织了一个错综复杂的人际关系网。他曾学某高

## 二 路彷徨

官的经验将能决定他命运的、能用得上的人,根据重要程度分成等级,编上号码(如市级领导为 A 级,市长为 A1,处级干部为 B 级,秘书长为 B1 等),描出一幅社会交际网络图,用以指导自己什么时候该去拜访哪位人物。关于人命案一事,他明知主要责任在县领导,但却受托劝曾俚放弃追究,其主要理由说得明明白白就是为了与县主要领导建立关系网:"你应该知道,如今在官场上要想有所作为,靠你一个人埋头奋斗、苦干傻干肯定不行,得编织一张互利互惠的关系网。当然你说这是结党营私也行,反正就是这么回事,褒贬不同而已。像张天奇(县委书记——笔者注)这样风头正劲的人,谁都会乐意把他拉到自己的网里来。那么我有什么理由不帮他呢?天知道我自己哪天就倒了霉,兴许也用得上他帮忙。"[①]——事情真让朱说准了,后来当他自己落难时,果然是升了大官的张天奇帮了他一把,他才又重新坐到官位上。

　　与朱怀镜相比,曾俚"失败"就在于他始终坚持正义立场,拒绝与种种社会邪恶同流合污,痛苦的心灵里永远装着国家前途、社会责任而从来没有想过自己的日子怎么过。用朱怀镜的话说就是,曾俚活得太认真,活得不现实,活得太迂腐,活得像现代唐·吉诃德。所以他处处受现实的嘲弄,在现实中四处碰壁。对曾俚,社会上理解的人不多,倒是朱怀镜真正理解他。朱怀镜不止一次地说他敬重曾俚的社会责任心,佩服他的侠肝义胆、社会良知,认为在现实中曾俚是卑微的,但他比任何一个道貌岸然的君子都更高贵、更可敬。虽然如此,朱怀镜又不同意曾俚的活法,反复劝曾俚学会宽容,学会理解,学会现实地生活。但是,如果曾俚放弃了社会良知,象朱怀镜那样学会了"现实地生活",还有曾俚的高贵和可敬吗?

　　从朱怀镜与曾俚的对比中我们看到,高贵的可敬的在现实中

---

[①] 王跃文:《国画》,人民文学出版社,第 386 页,2000

行不通,在现实中行得通的却不高贵不可敬;放弃自我、放弃社会良知、活得圆滑世故的成功了,而坚持自我、坚持社会良知、活得认认真真的人却失败了;在生活中善玩游戏只对自己负责的人一个个都好像正人君子,活得有滋有味,而一本正经想做点对得起自己良心的事的人却一个个穷困潦倒,一事无成,成了生活的局外人。这……这……这实在是荒诞的逻辑,实在是让人难以接受而又不得不接受的痛苦现实。面对这种逻辑和现实,你打算怎么办?当然,理论上道义上非常清楚,可是落实到实践上呢?你不认为这是现实中许多人所面临的严峻而冷酷的两难选择吗?

就现实情况看,当然是朱怀镜式的人多。本来世风就被一批毫无信仰唯利是图的人给弄坏了,加上朱怀镜这批有文化有思想也有地位、本该坚守信仰坚守良心的人的放弃(信仰、良心)与加入(腐败、堕落),社会风气更加污浊昏乱了。钱理群先生称朱怀镜式的人为"精致的利己主义者",一针见血。目前这类人正有滋有味地游走活跃于中国大大小小的官场中,成为社会进步的一大困扰。

谴责、批判、声讨,占领道德高地是容易的,可是以前途命运为代价坚守是艰难的。怎样打破这一困境或曰荒诞逻辑呢?谁来保障曾俚们不至于惨烈地失败呢?这不是一句话的事,这必然涉及社会政治体制的改革,法律体系的健全,国民素质的提高,社会正气的弘扬,核心价值观的深入人心等,限于篇幅,此处略而不述。让人欣慰的是,人们期待的良好局面正在缓慢但却是稳步地出现,朱怀镜们越来越普遍地受到鄙视,生存空间将会越来越小;与之相反,曾俚们越来越受到体制和大众的支持和赞扬,制度层面的设计也会给他们提供更多更大的保护。公道自在人心。毕竟,社会文明、社会正义的力量是汹涌澎湃、不可抵挡的。

## （二）豪华生活与简单生活

1. 以豪华为美的人生观

读毕淑敏的散文集《呵护心灵》，最引起我注意的是《特区女牙人》，因为其中记述了一位行高于人、思想独特的女性。

专门为买方和卖方牵线搭桥的人，古代称为"牙人"，现代叫"经纪人"，是在商品交换中专门从事介绍交易，拿别人的钱为别人赚钱而自己借以获取佣金的人。在商品经济体制比较完善的特区深圳，活跃着大批专做金融期货交易的经纪人，《特区女牙人》的主人公就是这样一位资深专家。她长得颇为"困难"（暴牙前凸），但着装典雅华贵，谈吐从容自信，风度气质非凡，浑身上下似被一种威严高贵的光环笼罩着。

作品开头，写她在培训班上讲课。她问学员听了她的课后打算每月挣多少钱。一位曾当过政府文员，月薪一千五百元的女孩很有魄力地说，既然干了这一行，起码收入要翻一番，每月三千元就差不多了。其余女孩子笑着表示赞同。暴牙女士听后一字一句地说，假如你们有一天挣到了这个数，我对你们有一个要求，就是无论你们走到哪里，无论什么人问起，你们都不可说是我的学生，这太丢人了！你们每个月最少要计划挣到一万元。她的话让她的学生大骇，也让我大骇。我感到这女人了不起，够气派！而让我们更想不到的是，她不仅要求她的学生必须具有很高的抱负水平，而且还教她们"学坏"，即要求她们必须学会享受。她要求她们必须买名牌的西装，以保持永远仪表高雅。必须每天都用名贵的化妆品，以便自己的面部看起来容光焕发。出门必须"打的"，绝不能去挤公共大巴士。她们必须学会进高档歌舞厅，借剧烈的体力运动宣泄掉白日脑力的紧张。她们必须吃正规的中餐或是西餐，绝不允许在大排档上凑合吃一碗云吞或是摊个煎饼……可是，学员们承受不了这样高的消费怎么办呢？她说："可以去借呀！会用别人的钱赚钱的人,才是聪明人。"——暴牙女士的建议出乎常人的意料,她为什么这样要求学员呢?她解释说:"她们必须学会享受。享受可以激发人的欲望。你想拥有美妙的生活吗,你就得好好地干。当然我说的是用正当的手法挣钱。假如一个人,特别是一个女人,只满足于吃糠咽菜,她是注定不会有什么大出息的。假如你享受过了,你就不愿意再过苦日子,你只有拼命地去做,去挣钱,来维持你优越的生活。且不说在这种工作中,你还能赢得创造的快乐。"①

好一个暴牙女士!真不愧生活在特区,真不愧是市场经济漩涡中的弄潮儿,不仅有超人的本领(她曾在一夜间为客户赚了15万元美金),而且有超人的思想观念。在一向推崇勤俭节约,艰苦朴素,安贫乐道,随遇而安的中国,她竟公然主张拼命赚钱去追求优越的生活,去尽情地享受。——其实,仔细想想也不必大惊小怪。她不过是把千万人的心之所想、行之所为加以思想化、意识化、观念化,并清楚明白地表达出来罢了。你看看千千万万滚滚红尘中劳碌奔忙之人,哪个不是如此呢!暴牙女士的主张体现了一种新的生活方式和一种新的思想观念,充满了生机和活力,适应了市场经济发展的现实需要。想一想没什么不对,没理由指责。想过优越生活毕竟不是罪过。如果人人都这样,必然会刺激消费,刺激生产,促进社会经济的迅速发展。

2. 以"清贫"为美的人生观

后来,我又看到另一本书——《清贫思想》。这本书是日本人写的,1992年一经问世,立即在日本形成了一股阅读热潮,好几个月在十大畅销书排行榜上蝉联榜首,更保持榜上有名达两三年之久。1997年译本在中国发行以后也曾引起很大反响。书名中的"清贫"不是一般意义上的贫穷,而是主动放弃多余的物质追求,追

---

① 毕淑敏:《呵护心灵》,天津人民出版社,第92页,1995

## 二 路彷徨

求简单、朴素的生活，以"清贫"为美。全书的要义是，限制对物质的占有欲，让内在的心灵自由地飞翔。书中列举了大量日本历史上家喻户晓的文人、僧人、画家、旅行家、隐士等的生活故事。这些人日常生活的共同点是蔑视荣华富贵，鄙视金钱、权势，物质生活极为贫寒简单到令现代人不能相信的程度，然而心灵生活却无比丰富，精神追求无比高远。他们与自然万物对话，往来优游于天地宇宙之间。在他们看来，生活中随处都是美。他们共同的生活信念是，生活应尽量简朴，摆脱物欲的缠绕，放飞自己的心灵。由于篇幅的限制，不可能一一转述这些人物的言行故事，这里列出一些书中的标题，读者就可以想象其中的内容了："六尺草庵，悠闲无惧"，"被物质所控制，何其愚蠢"，"为花的美无端心痛"，"一清至骨"，"美在清贫"，"人的需要并不多"，"袋里有米，灶下有柴，还要什么"……全书主旨落脚在最后一个标题上：重构一种生活方式。

《清贫思想》为什么出自日本又为什么那么畅销呢？当然是因为日本的社会文化背景迫切需要它。对此，中文译本序言中进行了分析。第二次世界大战后，日本经济由复苏到奇迹般地飞速发展，经济模式的成功、自负、满足将日本人引上了唯财富、唯物质的道路，忽略精神世界的追求，许多人自私、冷漠，缺乏正义感和道义的激情，社会问题严重。以至于物价高昂、银行不稳、股市下滑、就业困难，日本模式回天乏力，再难重现昔日的风采。与此同时，夫妇分居、家庭内离婚、无性婚姻等现象日益普遍，过劳死、自杀、暴力事件等统计数字居高不下，成年人和儿童一样沉溺于庸俗的漫画、电子游戏，年轻一代狂热追求名牌服饰及高级用品，亲情淡漠，前途茫然……这一切的发生令人震惊，引人深思。人们认识到仅仅靠物质生活的富足并不能使人类得到幸福，相反，忽视人的心灵需要，会导致人的"异化"——人不再是原来意义上的人，而成了"消费者"。有识之士对此感到痛心疾首，急切地希望找到一剂治疗这些社会痼疾的良方。这些，就是《清贫思想》在日本产生并风行的社会基础和心理背景。

3. 提倡过"简单生活"

无独有偶。在我读了《清贫思想》之后,无意中又读到美国人写的一本书《简单生活》。书主旨也是极力提倡过一种"简单生活"。书中写道,我们总是把拥有物质的多少、外表形象的好坏看得过于重要,用金钱、精力和时间换取一种有目共睹的优越生活,却没有觉察自己的内心在一天天枯萎。事实上,只有真实的自我才能让人真正地容光焕发,当你只为内在的自己而活,而不在乎外在的虚荣,幸福感才会润泽你干枯的心灵,就如同雨露滋润干涸的土地。我们需求的越少,得到的自由就越多。记得好像是梭罗说过,大多数豪华的生活以及许多所谓的舒适的生活,不仅不是必不可少的,反而是人类进步的障碍,对于豪华和舒适,有识之士更愿过比穷人还要简单和粗陋的生活。梭罗的意思是,简朴、单纯的生活有利于清除物质与生命本质之间的樊篱。为了认清它,我们必须从清除嘈杂声和琐事开始,认清我们生活中出现的一切,哪些是必须拥有的,哪些是必须丢弃的。

总之,《简单生活》宣扬了一种新的人生观、幸福观,即"幸福来源于简单生活"——成功、财富只是外在的荣光,真正的幸福来自于发现真实独特的自我,保护心灵的宁静。简单生活追求的目标是,多一份舒畅,少一份焦虑;多一份真实,少一份虚假;多一份快乐,少一份悲苦。

无论是日本人的《清贫思想》,还是美国人的《简单生活》,所提倡的思想是一致的,在我看来,都很有道理,很令人向往。但是,毕淑敏笔下暴牙女人的生活观念,应该说也有道理,而且可能为更多的人尤其是年轻人所向往。而这两种"道理"是相互背离相互冲突相互否定的。作为具体的生活方式,对于现实生活中某个具体的人来说就构成了两难选择。因为一个人只能选择其中的一种方式,而不能同时选择两种方式,你追求此种生活就必然否定了另一种生活,两种生活本质上是不相容的。那么,你愿意选择哪种方式,喜欢过哪种生活呢?

课堂上曾有学生问我选择哪种方式,我非常明确地回答——我选简单生活的方式。这与我的出身、经历、性格、生活态度或者说价值观有关。这么多年我就是"简单"地生活过来的。最早是因为贫穷不得不简单,后来不贫穷了是有意识地选择简单——不仅仅是习惯,而是有意识。例如,我喜欢自行车、电动车而不喜欢汽车,但是,如果有人愿意奖励或是赠予我(算是白日梦吧)汽车,我也不拒绝,我接受后可以卖了捐到山区希望小学去(玩笑了)。还有同学问我,如果让我向他们推荐生活方式,我推荐哪一种?我的回答是,既然你问我,那我向你推荐简单生活的方式,我拥护低碳生活,但我不反对你不选择简单生活(方式)。毕竟,作为老师可以提出自己的意见,但不应该剥夺你选择的权利和自由。

## (三) 儿童世界与成人世界

### 1. 不想长大的霍尔顿

为人处世,天真好还是世故好?人们向往理想,希望生活在理想世界中,却不得不生存于并不理想的现实世界中;小孩子不想长大,但却不得不长大;不想进入社会却不得不进入社会。这些苦恼和麻烦,是每个青少年成长过程中必然遇到的问题,同时也是思想家、艺术家不断思考探讨的问题。美国作家塞林格的长篇小说《麦田里的守望者》就是探讨这一问题的名篇。

《麦田里的守望者》自1951年发表以来一直畅销不衰,在美国社会和文学界产生过巨大影响,被誉为"现代经典"。小说以十六岁少年霍尔顿(主人公)为叙述人,以他的口吻叙述了自己的生活经历及精神痛苦,从而提出了青少年成长过程中的一系列问题。

霍尔顿出生于富裕的中产阶级家庭,聪明、敏感、感情丰富,在一所著名的私立学校读书。用世俗的眼光看,他很幸福,应该生活得很快活是，然而他却活得不痛快。原因是他性格天真纯洁，他所渴望的真诚、同情、善良、理解和友爱，在现实生活中竟找不到。他感到与环境格格不入，感到生活中到处充满伪善，用他的话说到处都是"假模假式"。他讨厌校长，因为校长不能一视同仁地对待每一位学生和家长，对有钱有势的人格外殷勤。他也不喜欢老师，因为老师只会进行教条式的训诫，缺乏对学生的起码理解和尊重。他也瞧不起他的同学，认为他们不是太放肆就是太愚蠢；其中他最憎恶的是他的室友斯特拉莱塔，因为这家伙极端粗鲁堕落，不学无术，自私自利，而且残酷而无理地侵犯了霍尔顿与女友的纯洁的爱，但是正是这家伙却活得有滋有味。他讨厌充斥于耳的无穷无尽的套话，如"再好没有"、"祝你运气好"、"见到你真高兴"，等等。他讨厌枯燥无味的功课，因几门功课不及格而面临被开除的厄运。他感到整个学校乃至整个教育制度都是可憎的，因为它们"要你干的就是读书，求学问，出人头地，以便将来可以买辆混账凯迪拉克；遇到橄榄球队比赛输了的时候，你还得装出挺在乎的样子，你一天到晚干的，就是谈女人、酒和性；再说人人还在搞下流的小集团。"

在极度痛苦无援之际，霍尔顿想到了自己最尊敬的老师安东里尼先生。他想向这位心中的偶像寻求理解和安慰。但他得到的却是圆滑而世故的忠告："一个不成熟男子的标志是他愿意为某种事业英勇地死去，一个成熟男子的标志是他愿意为某种事业卑贱地活着。"而安东里尼本人的生活正是他自己所谓的"成熟男子"的标本：无聊、空虚、虚伪；他根本不爱自己的妻子，他娶她是因为她有钱；他成天无所事事，精神萎靡，借酒浇愁，混一天少两晌，好死不如赖活着。

总之，霍尔顿对周围的环境失望极了，他在自己的生活天地中找不到自己的位置，他所珍视的价值也无栖身之地。他讨厌身边的环境，环境也不能容他，于是他的被开除就成为必然，于是他孤独而痛苦地离开了学校，回到了纽约。

## 二 路彷徨

在纽约,社会的腐败堕落更触目惊心,他也因此经历了更强烈的痛苦与失望。在他栖身的旅馆里,住的全是变态和痴呆的怪人,他从一些没有拉窗帘的窗口看到许多怪人怪事,到夜总会排遣无聊却遭到了敲诈。这一切使他感到恶心。他家住纽约却不敢回去,因为父母与他有很深的隔膜。他的父母生活在他们自己的圈子里,从来没有真正了解儿子的困惑与烦恼。对他的接二连三被开除,他们从来不问原因,而只是一味地责骂:父亲想"要他的命",母亲认为他不可救药而气得流泪。霍尔顿试图与其他人沟通,想要建立真诚的理解也均告失败。这种交流的困难更加深了他的苦闷和他与社会之间的鸿沟。

霍尔顿苦苦地追求爱与理解,呼唤人与人之间友善相处真诚相待,然而他发现这简直是不可能的。人们要么太自私,要么太愚钝,或者太麻木,对相互间思想和感情的交流根本不感兴趣,人们的心思全在"物"上而不在"人"上。人们"都把汽车当宝贝看待,要是车上划了点痕迹,就心疼得要命……"霍尔顿对这种赤裸的物质崇拜深恶痛绝,因为它扭曲了人性,使人成为物质的奴隶。而人一旦被"物"所异化,人心的交流与沟通便无从谈起。霍尔顿鄙视这个受金钱统治的城市,诅咒人们为追名逐利而进行的尔虞我诈。他希望过一种更真实更人道的生活,一种以"人"为中心的生活。但他所面对的社会现实却与他的愿望相反,所以他时时感到"那么寂寞,那么苦闷,那么孤独,那么沮丧"。他在成长道路上遇到的不是充满阳光的清新空气,而是令人窒息的浊流。霍尔顿孤身一人与环境作战,在美好的理想与污浊的现实的夹缝中艰难挣扎。霍尔顿的痛苦代表了所有那些在现实社会中难以立足的孜孜以求精神世界完美的人们的痛苦。他的痛苦,揭示了现代都市生活的疾患,揭示了现代人陷身于生存困境的重大主题。

霍尔顿的理想追求在现实世界里破灭了,不得已,他只好到天真的儿童世界里去寻找。实际上,霍尔顿的故事也就是寻找纯与真、保护纯与真的故事。在一个充满矫饰与虚伪的环境中,孩子们自然纯朴的天性给他以莫大的欣喜和安慰。天真无邪的儿童世界是一个晶莹透明、充满情爱和温暖的世界,同他们在一起是霍尔顿最大的快乐。他年仅十岁的妹妹菲苾甚至成了他心目中的"女神"。她坦诚、活泼、温柔与善解人意,关心别人,与周围的虚伪、庸俗、冷酷与世故相比,她显得熠熠生辉。她是霍尔顿最亲密的朋友,他们之间推心置腹的谈话使霍尔顿受伤的心灵得到了极大的安慰。在妹妹面前,霍尔顿没有秘密可言。他像向医生陈述病情一样向她诉说他的苦恼;而她也像医生开药方一样为他指出治病良策。在长辈在成人那里得不到的理解与信任,在兄弟姐妹中间,在孩子们的世界里得到了。

对成人世界的厌恶和不信任,使霍尔顿执着地迷恋于纯真自然的儿童世界。他真希望自己不要长大,儿童们不要长大。为此,他的人生理想就是要做一位儿童世界的保护神,他认为人生最有意义的工作就是做一名"麦田里的守望者":

> 我老是在想象,有那么一群小孩子在一大块麦田里做游戏。几千几万个小孩子,附近没有一个人——没有一个大人,我是说——除了我。我呢,就站在混帐的悬崖边。我的职务是在那儿守望,要是有哪个孩子往悬崖边奔来,我就把他捉住——我是说孩子们都在狂奔,也不知道自己是在往哪儿跑,我得从什么地方出来,把他们捉住。我整天就干这样的事。我只想当个麦田里的守望者。我知道这有点异想天开,可我真正喜欢干的就是这个。

在这里,"悬崖边"象征纯真童年的结束,摔下悬崖象征着跌入麻木世故的成人世界的深渊。他企图阻止儿童进入腐败的成人社会,从而使他们永远保持儿童的纯真。

2. 霍尔顿的苦恼其实是所有人的苦恼

然而,孩子们无论如何是要长大成人的,他们和霍尔顿一样是

## 二 路彷徨

要不可阻挡地进入成人世界的。虽然成人世界是一个污浊、腐败的世界,但这是唯一"现实"的世界,是人人必须进入并在其中生存的世界,所以无论谁都必须学会与之相处。霍尔顿对此也有所认识,所以尽管他对环境充满了强烈的厌恶,尽管他渴望逃避现实,但他终究还是在这个世界上待了下来,甚至最后还同它达成了一定程度的妥协。他必须如此,也只能如此。此时的霍尔顿内心深处存在着深刻的矛盾,或者说面临着深刻的两难选择:他留恋儿童世界,但又不得不走出儿童世界;他不想走进成人世界,但又不得不进入成人世界。这真是生存的无奈与尴尬。

值得深思的是,这种生存的无奈与尴尬,绝不仅仅是霍尔顿所代表的青少年的,往深处说其实也是成年人的。已经进入生活并在生活中摸爬滚打筋疲力尽的成年人,每当夜深人静,心灵深处最喜欢回忆的还是自己的童年。童年的纯真让人永远怀念,永远给人以心灵的慰藉。成年人喜欢孩子,其实是喜欢孩子的纯洁与天真,喜欢孩子的赤子之心。但这也只能是内心深处的自娱自慰,天亮起床走入人群,还是要按成人世界的游戏规则行事。这就是说,成年人的内心深处也有两个世界的对峙与困惑,成年人也游移徘徊于两个世界之间。

如此看来,如何处理儿童世界(理想)与成人世界(现实)的关系,如何与社会现实相处,如何在成人世界里寻找和保存儿童世界里美好的品质,既是摆在霍尔顿面前的严峻问题,也是摆在每个正在成长中的青少年面前的严峻问题,甚至也不妨说,其实也是整个人类精神生活所面临的问题。

作为作者的代言人,霍尔顿的经历和思想体现了作家本人对人生及人类生存现状的严肃思考。霍尔顿的苦恼是青少年成长过程中的苦恼,他的苦恼既具有他那个时代那个社会的特殊性,也具有某种超越具体时代具体社会的广泛性和普遍性。所以,《麦田里的守望者》关于青少年成长过程中所遇到的困境的思索,对于我们来说,仍然是富有启发意义的。

### (四)知足与不知足

"知足"与"不知足",是流行于中国人日常生活的口头禅,是中国人处世之道的一个重要方面。正是"知足"或"不知足",在调节着中国人的生活态度,影响着中国人的进退行止。了解了这一点,就大体窥到了中国人生存的某种秘密。

那么,什么是知足什么是不知足,为什么知足又为什么不知足,是知足好还是不知足好,下面,我想依问题发生的逻辑顺序展开叙述并稍加分析。

1.《不知足诗》

知足与不知足问题的发生根源非常简单,即人的欲望。人生而有欲望,有欲望就要求满足,于是就有了知足与不知足的问题。

依照逻辑顺序,最先发生的当然是"不知足"。不知足是欲望的本性:由小欲望发展为大欲望,由一个欲望发展为多个欲望,满足一次还想多次。总之,欲望无限繁殖、无限延展、无限提升、无限重复。有人作《不知足诗》对之加以描述:

> 终日奔波只为饥,方才一饱便思衣。衣食两般皆具足,又想娇容美貌妻。娶得美妻生下子,恨无田地少根基。买到田园多广阔,出入无船少马骑。槽头扣了骡和马,叹无官职被人欺。县丞主簿还嫌小,又要朝中挂紫衣。若要世人心里足,除是南柯一梦西。

(食——衣——美貌妻——子孙——田地——骡马——地方官——朝廷官)

《不知足诗》将人的贪婪描绘得淋漓尽致。如雪球一样越滚越大且没个穷尽的欲望,在现实生活中怎么能够满足!我们说人生在世,这个"世"上人很多,因而空间显得很狭小,不可能任某一个人的欲望无限制地膨胀,尽情满足。这样一来,人的欲望的无限性

## 二 路彷徨

和欲望实现的有限性之间就形成了永恒性的冲突,这就让人永远处于不能满足的痛苦境地。可以说,世界上从来没有一个所有欲望全部能够满足的人。即使权力无边的封建帝王也不例外。率土之滨莫非王土,普天之下莫非王臣,他们什么都有了,但还想长生不老、帝王基业万世流传呢!

无限的欲望永恒地不能尽情满足,于是就有永恒的痛苦。欲望越多痛苦越多,欲望越大痛苦越大,欲望存续越久痛苦也存续越久。欲望与痛苦相生相伴,如影随形。

这种永处煎熬的生存状态让人类承受不了。承受不了就想办法超越,于是智者开始反省:既然痛苦是由欲望造成的,那么,压抑或者干脆消灭了欲望不就可以跳出苦海获得快乐了吗?这么一想,就想出了诸多道理,发现许多超越痛苦的路子。这就有了儒家的"知天乐命"、"安贫乐道";道家的"顺其自然"、"知足常足";佛家的"四大皆空"、"六根清净"。这些高深的人生理论说法虽然不同,但共同点只有一个,即"知足"。在广大老百姓这里,最通俗最流行也最简明扼要的概括是:"知足常乐"。

2.《知足歌》

对"知足常乐",有人作《知足歌》进行阐释:

> 人生受尽福,人苦不知足。思量事劳苦,闲着便是福。思量疾厄苦,无病便是福。思量患难苦,平安便是福。思量死来苦,活着便是福。也不必高官厚禄,也不必堆金积玉。看起来,一日三餐,有许多自然之福。我劝世间人,不可不知足。

《知足歌》的基本思路很简单,即"比较法":与劳苦比有闲是福,与有病比无病是福,与患难比平安是福,与死人比活着是福。总之,眼下所有就很好,就是幸福,就该知足,感谢上帝,感谢命运,阿门!

关于"知足常乐"的思想和例子,无论是在古代典籍中、文艺作品中还是在日常生活中,随处可见。例如,孔子游泰山遇见一位鹿

不惑之惑

裘带索鼓琴而歌的人,就问他为什么如此快乐。他借用《列子·天瑞》中的话回答说:"天生万物,人为贵,吾得为人,一乐也;男女有别,男为尊,吾得为男,二乐也;人生有不见日月、不免襁褓者,吾行年七十矣,三乐也;贫者士之常,死者人之终,居常以待终,何不乐也?"

清代李渔的小说《鹤归楼》里,也讲了一个由"不知足"到"知足"的故事:

近日有个富民出门作客,歇在饭店之中。时当酷夏,蚊声如雷,自己悬了纱帐,卧在其中,但闻轰轰之声,不见嗷嗷之状。回想在家的乐处,丫环打扇,伴当驱蚊,连这种恶声也无由入耳,就不觉怨怅起来。另有一个穷人,与他同房宿歇,不但没有纱帐,连单被也不见一条。睡到半夜,被蚊虫叮不过,只得起来行走,在他纱帐外面跑来跑去,竟像被人赶逐一般,要使浑身肌肉动而不静,省得蚊虫着体。富民看见此状,甚有怜悯之心,不想那个穷人,不但不叫苦,还自己称赞说他是个福人,把"快乐"二字叫不绝口。富民惊诧不已,问他:"劳苦异常,哪些快乐?"那穷人道:"我起先也曾怨苦,忽然想到一处,就不觉快乐起来。"富民问他想到哪一些。穷人道:"想到牢狱之中,罪人受苦的形状,此时上了押床,浑身的肢体动弹不得,就被蚊虫叮死,也只好做露筋娘娘。要学我这舒展自由,往来无碍的光景,怎得能够?所以身虽劳碌,心境一毫不苦,不知不觉就自家得意起来。"富人听了,不觉通身汗下,才晓得睡在帐里、思念家中的不是。若还世上的苦人都用了这个法子,把地狱认做天堂,逆旅翻为顺境,黄连树下好弹琴,陋巷之中尽堪行乐,不但容颜不老,须发难皤,连那祸患休嘉,也会潜消暗长。

以上两则故事体现了一种共同的思维方法,遇事往下比,即与境况不如自己的人比,这一比就比出了自己的"足"("比上不足,比下有余"),就可以"乐"了。这法子非常有效,因为自己之"下"永远还有更"下"的人,所以就能保证任何一个人永远处在快乐之中。

有趣的是,不但中国人会这样想,外国人也会这样想。这里录下俄国作家契诃夫的一则"随笔"供大家欣赏。

生活是美好的
(对企图自杀者进一言)

生活是极不愉快的玩笑,不过要使它美好却也不很难。为了做到这点,光是中头彩赢了二十万卢布、得了"白鹰"勋章、娶个漂亮女人、以好人出名,还是不够的——这些福分都是无常的,而且也很容易习惯。为了不断地感到幸福,甚至在苦恼和愁闷的时候也感到幸福,那就需要:(一)善于满足现状;(二)很高兴的感到:"事情原来可能更糟呢"。这是不难的。

要是火柴在你的衣袋里燃起来了,那你应当高兴,而且感谢上苍:多亏你的衣袋不是火药库。

要是有穷亲戚上别墅来找你,那你不要脸色发白,而要喜气洋洋地叫道:"挺好,幸亏来的不是警察!"

要是你的手指头扎了一根刺,那你应当高兴:"挺好,多亏这根刺不是扎在眼睛里!"

你该高兴,因为你不是拉长途马车的马,不是猪,不是驴,不是茨冈人牵的熊,不是臭虫。……你要高兴,因为眼下你没有坐在被告席上,也没有看见债主在你面前。

要是你有一颗牙痛起来,那你就该高兴:幸亏不是满口的牙痛起来。

要是你给送到警察局去了,那就该乐得跳起来,因为多亏没有把你送到地狱的大火里去。

要是你挨了一顿桦木棍子的打,那就该蹦蹦跳跳,叫道:"我多么运气,人家总算没有拿带刺的棒子打我!"

要是你的妻子对你变了心,那就该高兴,多亏她背叛的是你,不是国家。

依此类推。……朋友,照着我的劝告去做吧,你的生活就会欢乐无穷了。

读了契诃夫这段妙语,你可能会和我一样忍俊不禁,开怀大笑。不过,你要注意,虽然契诃夫的口气是半开玩笑半认真,但我们切不可只顾了笑,而忘了其中还有一半认真呢!

事情到了这一步,即无论处在什么境地都能感到满足,人还有痛苦吗?当然没有了。"知足"如一剂高效良药,医治了"不知足"带给人的无边痛苦。我是一个活神仙,是一个永远不痛苦的人,一个无可救药的乐天派。太感谢那个最早炮制"知足"这副万应灵药的人啦,他真是功德无量,永垂不朽。

但万事总是有一利必有一弊。不知足固然让人痛苦,知足可以医治这种痛苦,但如果太知足,也会像药量过大一样,会产生副作用。例如,"知'足'常乐,那么请问你的'足'的底线是什么?即到了哪一步你就知足了?""那你是问哪一方面呢?""我就问钱吧!你想占有多少就知足?""我呀!我有一百万就知足。""我有十万就知足。""我有一万就知足。""我有一千就知足。""我有一百就知足。""我有一块钱就知足。""怎么你一块钱也知足?""一块钱怎么不能知足?有人连一分钱都没有,和他们比起来,我有一块就知足。""那要是这样说起来,我一分钱没有也能知足。""怎么知足?""因为我虽然一无所有,可是我至少不借钱,和借钱的人比,我就很知足。""那借钱的人也可以说知足。""怎么知足?""因为我借一千,有人借一万,和他们比起来,我就很知足。"

如此这般推论下去,大概可以推论到,和被枪毙的人比,能判死缓就知足。因为,死缓毕竟还可以活下来,哪怕只是暂时的——有道是,好死不如赖活着嘛!也就是说,一个人,无论处于怎样烂、糟的境地都可以知足。不过,到了那样烂、糟的地步你还知足,你还叫人吗你?你还有人格和人的尊严吗?

怎么样?我这样推理够酷的吧!我这是采用逻辑学上的归谬法,把一种思想或观点推向极端,结果就暴露出其中的荒谬,从而让你看出"知足常乐"深层的弊端是一个字——俗,是让人满足现状,不思进取,推下去是俗不可耐,让人瞧不起,丧失人格,丧失做人的尊严。

这就是我对"知足常乐"的看法。当人们充分享受它带来的满足和安宁之时,一定要警惕它的负面,一定不要丧失了生命的活力和奋斗的精神,不要丧失了做人的尊严。

3.《半半歌》

通过上面的分析我们已经看到,老不知足让人痛苦,老是知足让人变俗乃至于沉沦没出息,那么到底应该怎么办呢?于是有人想出了折中的办法,来它个"中庸之道"。这就是《半半歌》描绘的境界:

> 看破浮生过半,半之受用无边。半中岁月尽幽闲,半里乾坤宽展。半郭半乡村舍,半山半水田园。半耕半闹半经尘,半士半民姻眷。半雅半粗器具,半华半实庭轩。衾裳半素半轻鲜,肴馔半丰半俭。童仆半能半拙,妻儿半朴半贤。心情半佛半神仙,姓字半藏半显,一半还之天地,让将一半人间。半思后代与沧田,半想阎罗怎见。酒饮半酣正好,花开半吐偏妍。帆张半扇免翻颠,马放半缰稳便。半少却饶滋味,半多反厌纠缠。百年苦乐半相参,会占便宜只半。

《半半歌》真是绝了!它也讲追求,但不过分贪婪;它也讲知足,但不至于过于低俗。它把欲望限制在一个适可而止的"度"上,不慕巅峰,不走极端,不求大富大贵,但求无惊无险。于是生活无大风无大浪,无大福无大祸,平平淡淡,安安闲闲,不似神仙,胜似神仙。试问,还有比这更聪明更自在更成熟的活法吗?

想一想,确实聪明成熟和练达!不过,认真分析起来,这种活法亦有弊端。往深处追,追到底,它和太知足一样也是俗,也同样销蚀掉了奋斗进取的动力。其精神实质仍是"知足",它和《知足歌》的差别只在于五十步与百步。它的表象是"雅",其实质仍免不了"俗"。

4."不可不,不可太"的理性与明智

由《不知足诗》到《知足歌》再到《半半歌》,我们分析了不知足和知足产生的原因及其利弊,至此,读者或许该问了:那么究竟知足好还是不知足好,换句话说即我们应该知足还是应该不知足。这问题很尖锐很单纯,但很难有也不应该有绝对的单一的答案。分析中我们知道,知足有知足的好(消解不知足带来的痛苦)和不好(容易安于现状,走向庸俗);不知足有不知足的好(激发奋斗、追求的动力)和不好(不知足带来痛苦)。两者各有利弊,无法肯定一个否定一个。我们面临的是又一个两难选择。

面对这一两难选择,合理的做法当然应该是取双方之利而去其弊,即既要知足又要不知足。或者说既要知足又不可太知足,既要不知足又不可太不知足,让知足与不知足之间保持一种必要的张力,人就游移于这一张力场中。不知足,才有奋斗进取的动力;知足,才能心态平衡,不致痛苦。这样既躲开了不知足的苦,也避开了太知足的俗。这才是一种比较理性比较明智的选择。

5. 世上没有一种只有"利"而没有"弊"的生活态度

问题分析辩证到这一步,似乎应该结束了。因为我感到从理论上已经说得比较辩证,比较圆满,应该没话了。但忽然觉得,如此理性而辩证的选择在理论上似乎是"无懈可击"了,但在实践中依然难免有其弊病——真没办法,无论怎样都摆脱不了"有一利必有一弊"的规律,都走不出事物的悖论——其弊病是,没有了"极端"的偏执,也没有了"极端偏执"的精神动力。我们看到,人世间好多惊天动地的大事情,奇迹,伟业,往往是疯狂的"不知足"创造的。疯狂的不知足有一种不达目的宁可去跳楼的偏执,因而有一种无法想象的精神能量。很难设想,一个理智上很清醒很平衡的人会有如此的心理力量!那么怎么办?为了成就一番事业,再到拼命"不知足"上,那么玩命的辛苦和不满足的痛苦接踵而来,又回到了本文论证的起点上,又开始新一轮的循环论证。

世事复杂,一言难尽。怎样最好?没有最好。世上没有一种只有"利"而没有"弊"的生活方式和生活态度。我们转了几个弯又回到一句老话上:没有两全,只有两难。

## (五) 洒脱与执着

### 1. 洒脱随意的余一笙

武汉作家王石的中篇小说《我哪儿都不去》(载《中篇小说选刊》1999.2),成功地塑造了一位现实生活中常见而艺术作品中未尝见(恕我孤陋寡闻),因而显得相当独特,相当典型,特别引人注目、发人深省的人物形象——余一笙。

余一笙出身于干部家庭,父亲是参加过中原战争的老革命。他本人下过乡,1977年以全县第一名的成绩考上复旦大学新闻系。毕业时成绩优秀,上海好多单位愿留他,他说"我哪儿都不去",回到了父亲身边。80年代中期,余一笙有着令世人包括诸多中层干部都羡慕乃至嫉妒的"优越":文凭,工作(电台记者),三室一厅住房,一部私人电话,一台日本松下 G30 录像机,年轻漂亮聪明活泼的妻子。就个人气质而言,他长得高高瘦瘦,风流儒雅,反应敏捷,聪明绝顶,为人机灵而随活,会说笑话,富有幽默感,所以人缘甚好,谁见谁喜欢。更让人刮目相看的是,余一笙有相当高的外语水平,上大学时获得过全校英语竞赛第一名。由于突出的外语才能,人们(包括他妻子)都劝他出国,否则太可惜。但他坚决表示"我哪儿都不去"。

为什么呢?因为他对哪儿都不满意。例如日本不能去,因为那地方盛产工作狂,不懂生活,没有一点生活情趣。欧洲也不能去,因为欧洲的传统太牢固,中国人很难待下去。美国呢?美国是移民国家,比较好留下来,但一般中国人去了也就是在华人圈里转转,跟在国内差不多,去不去一个样儿。香港也不能去,香港跟日本一样,要混个中产阶级一天至少要工作十几个小时……说来说去哪儿都不好,最好的还是自己所在的地方。对,就在这城市,就在这电台,就这样有滋有味地活下去。

因为他聪明,有才,那点工作根本不够他干的,所以他有大量的闲暇时间。闲了怎么办?玩儿。他带老婆去旅游,每年他们都要利用十几天的休假时间满世界跑,离开大海进大山,玩了东部玩西部,但他不喜欢深圳,他讨厌那里的高楼大厦,尤其讨厌那里的紧张忙碌。不出去时在家玩,玩扑克牌,一打一个通宵;打腻了换种玩法,一种打法可以打它一两年。还玩电子游戏机,津津有味,直至痴迷。后来又玩电脑。朋友送他一台组装的286型机,一年多时间,他一步步增加配置,不断加码改造,由386而486、586,直至1997年5月已组装成最超前的多功能奔腾机,他能在这台机子上制作三维动画。而且成了本市的电脑名人,能在报纸上开专栏写小文章指导电脑发烧友。

1992年下半年之后,人们开始拼命忙赚钱,余一笙对此不以为然,为电台策划了一个节目,谈在金钱面前要保持悠闲心情。他拒绝追求金钱,拒绝被金钱所异化。他说:"钱嘛,生不带来,死不带走。我不想为钱把自己搞得太累。"所以当别人为钱忙得溜溜转时,他在打牌,不打牌的时候悠闲地躺在长沙发上看明清文言小品,或者翻翻自己订的期刊《英语学习》。当他玩电脑玩出档次之后,电脑商高薪聘他加盟,他只是不置可否地笑笑,一派仙风道骨的神态,让整天沉浮于滚滚商海中的人们赞叹不已。

2. 一事无成的余一笙

余一笙因为聪明、能干,因而有闲、会玩,因而活得不累,活得随意,活得散淡,活得洒脱。但也正因为此,他又一事无成。他不愿在基本工作之外多干任何一件正经事,甚至玩也要玩得轻松,不能太累。作者用一个细节特意点明了他的这一性格特点。有一个时期他和妻子玩游戏机——"俄罗斯方块",他与妻子一起玩,当他玩到高于妻子时就不再玩下去。妻子讨厌他这种浅尝辄止、不求进取的性格,逼他打到十万,并在一边给他加油助威。他经过一段苦战,一直玩到九万八千分,却再也不往上打。"他仰身躺在床上,一连伸了三个懒腰:这样玩得太累人,娱乐变成了受罪。说着他就不肯再玩下去了。"妻子气得骂他"你真不像个男人"。他的朋友也深深了解余的性格,曾当面说他:"一笙,你他妈的真是聪明,我不是当面说你,你要是专心致志地干一件事,那绝对出大名,可你就是不干。你这人就是怕吃苦,喜欢玩,结果一事无成。"

余一笙对什么都不在乎,什么事也打不破他悠闲散淡的心情。他永远不变的习惯性姿势是悠闲地"操着双臂"(作品中反复重复这一细节),一副漫不经心、不置可否的样子。即使朋友"骂"他不长进,他也只是不屑地摇头笑笑。

他年轻好胜的妻子非常讨厌他这种漫不经心、不愿吃苦、不愿长进的性格,曾骂他不像男人,但他并不气恼,只是操着双臂说:只能说不是你理解中的男人。终于,妻子因嫌他不争气而离开了他。但另一个更年轻的女人(报社编辑)却欣赏他这种性格,写文章称他是一个淡泊的人,一个看重过程的人,一个随遇而安的人,一个有趣味但并不低级的人……

3. 洒脱好还是执着好

余一笙到底是一个怎样的人呢?通过介绍,读者已经对他有了一个大体的了解,这里笔者不打算再多说什么,只想向读者介绍一下作者对他的分析。在《中篇小说选刊》载文后的创作谈中,作者说像余一笙这样的人,在我熟悉的很多人中都可以找到他的影子。他们聪明,并不费力地得到了一个当今生存必需的文凭,于是也顺理成章地找到一个相对好的工作,同时他们应付工作的能力也是游刃有余。但是,也就仅此而已。凭天资,他们原本可以做出一番事业。但是没有。余一笙就是这样的一个聪明人。由于比一般人反应来得快,往往他走一步,别人要走两步,如果他就此往前走去,那应该是能出大成果。但是他没有。因为这种事仅有超出常人的聪明显然不够,还需要有超出常人的坚韧。智力到了一定的水准,后者往往比前者更为重要。作者将以上道理加以推延,发现在各个专业领域内,那些才华彪炳、机锋四出且能多面出击的聪明绝顶的大才子,多数未能排在第一的位置上,这里的道理值得玩味。

通过余一笙形象的塑造,作者试图揭示一个生活的悖论,即两难选择:做人处世,到底是洒脱好还是执着好?

余一笙散淡,洒脱,闲适随意,漫不经心,活得好轻松好自在。这不是人们追求的人生境界么?多么让人羡慕啊!但是,正是他的轻松洒脱,白白浪费了他的才华,终于一事无成,毫无建树,被他老婆斥为"无用的废人"。那么,执着地进取吗?执着必然太苦太累,必然要承受更多的压力,要付出太多的体力与心力,甚至耗尽生命,而这又失却了生活的情趣——活着干吗呀!难道是为了吃苦受累,自己跟自己过不去吗?!

看来生活很难两全,这就是现代人(其实古代人,将来人皆如此)的又一大困惑。作者将这一困惑精辟地总结为一句话,这就是关于这篇小说的创作谈的标题(也就是小说的主旨):《一个聪明人留下的悖论》。

几句题外话:讲完这节后有学生问我愿意执着还是洒脱。我说"洒脱与执着"在理论上构成两难选择,但在我个人这里不是两难选择。我,毫无疑问,当然选择执着。我的执著当然不是执着于占有,不是执着于要赚多少钱,要爬到什么"长",而是执着于我喜欢做的事——我一生用六个字即可概括:读书——教书——写书,这六个字让我受用一生,其乐无穷。如果说退休前读书教书写书还有功利因素在,那么退休后我身上没有任何体制的要求、没有任何压力了,但我还依然执着于读书教书写书,写书时还是过分(我自知过分了)到不头疼不站起来。何也? 因为喜欢,好玩儿,有意思。米兰·昆德拉有本书名叫"生命不能承受之轻",我觉得过于洒脱就让生命过于"轻"了。我还是愿意不停地做事,把自己愿意做的事——而且也是对他人对社会有益的事,尽可能地做好,尽可能地多做,生命才有意义,才有存在感——感觉自己是在活着。我推崇的是老一辈哲学家冯友兰的活法——八十多岁立志写一套七本几百万字的大著作《中国哲学史新编》,此书一直写到九十五岁去世前。此之谓"春蚕到死丝方尽,蜡炬成灰泪始干"。这种对人生的执着是我崇敬的榜样,也希望同学们把他树为榜样。他是哲人,洞悉古今中外人生智慧,他的选择绝对错不了,你把他树为榜样也绝对错不了。与之相比,把尽情地吃喝玩乐视为悟道,视为看破了人生,岂不是太"小儿科"了些?! 但愿你不把我的观点视为说教。

### (六) 事业与家庭

#### 1. 一个事业成功家庭失败的艺术形象

中国文学自改革开放尤其是 20 世纪 90 年代以来,在日常生活题材中常常涉及事业与家庭(婚姻、亲情、爱情)的矛盾,常常出现事业成功、婚姻失败的人物形象,其中更多的是女性形象。笔者最近读到的天津作家戴雁军的小说《何慰平生》(载《中篇小说选刊》1996.4)中的吕薇就是这样一个典型形象。

吕薇是一位青年律师、聪明能干、事业心强。原来在检察院有一份安稳清闲的工作,但过分的清闲让她感到厌烦,于是主动辞职当了律师,用她丈夫的话说即"自己给自己制造危机",但她心甘情愿,无怨无悔。

吕薇的丈夫是外贸局属下一个工厂的副厂长,对她体贴关怀,一往情深。丈夫在家是独生子,因此公公婆婆渴盼他们赶快生个儿子,说如果再不生就去医院抱一个回来。但吕薇坚持要到35岁之后再生孩子,公公婆婆和丈夫对此无可奈何。

　　为了事业上的发展,吕薇投奔到本市律师界最有威望的女律师苏太(惠君)门下,为苏太当助手。苏太精明强干,坦率正直,内心热情如火,但外表冷漠,对人要求很严。为了能使苏太接纳,吕薇隐瞒了未生过孩子的实情,声称自己的孩子已经八岁。在律师事务所里,吕薇整天奔波忙碌,不辞辛劳,不怕恶人的威胁和恫吓,干得相当出色。她曾为一桩相当复杂的人命冤案辩护成功,因而深得苏太的信任,提前结束对她的试用期,不再让她当助手,而让她独当一面独立接案子。苏太欣赏吕薇的能干并把希望寄托于她的身上。苏说:"我喜欢那种以奋斗自娱的人,尤其女性,这种人通常是成功的。人生在世的最大乐事莫过于事业有成,希望你成为一名杰出的女律师,将来我苏惠君倒下去之后,还有你吕薇前赴后继,革命自有后来人嘛!"对此,吕薇心存感激,决心以更好的业绩回报苏太的信任。

　　但恰在这时,她怀孕了。丈夫求子心切,将避孕药偷偷换为维生素。吕薇发现后十分生气,说孩子来的不是时候,眼下事业正走上轨道,况且如果苏太发现自己受骗会立马开除她。为了事业的发展,她声言坚决要堕胎。她心里作了最坏的打算,打胎的一切后果自己承担,只要丈夫肯原谅,要她每天唱赞美诗也情愿。如果丈夫不肯原谅,那也只好撒手合眼,有什么算什么。但丈夫恳求她留下孩子,否则将伤害整个家庭的感情。吕薇左右为难,踌躇不定。这场冲突不了了之。

　　不久,吕薇作为一家公司的法律顾问与公司副总经理(也是吕最知心的朋友)一同前往南方处理一笔商务。残忍毒辣的私营公司经理雇用黑道打手将其二人绑架,秘密置于地下室逼款。在冲撞打斗之中吕薇堕了胎,昏死过去,不得不住了医院。回来后无法

二 路彷徨

向丈夫解释,于是隐瞒不说。但几个月后丈夫发现她已不再怀孕,就怀疑她私自流产,感到她太自私,全然不顾他和父母的愿望。双方激怒之中吕薇有口难辩。丈夫伤心至极,一气之下离开这个家,跑到国外去工作(工厂派遣)。吕薇面临婚姻破裂的危险。小说结尾时,丈夫从国外来信说婚姻是中止还是继续需要认真考虑。吕薇回信说,我无话可说,你的选择就是我的选择。

吕薇的事业成功了,然而在家庭生活方面却失败了。吕薇的这种遭遇,她本人不愿接受,作者和读者也不愿接受;她本人感到遗憾,作者和读者也感到遗憾。事情怎么会是这样的呢?然而竟然就是这样的,这就是严酷的生活现实。

2. 吕薇困境的普遍性

吕薇的困境不仅是她个人的,同时也是所有事业型女人的;不仅是属于中国事业型女人的,同时也是属于世界各国事业型女人的。熟悉中外文学艺术史的人都知道,吕薇型的人物形象在世界各国现当代文学艺术作品中,比较普遍地存在着。下面我们再向读者介绍一部西班牙电影——《贾利·古柏在天堂》。

女主人公安德莱阿30多岁,是一位有才华更有远大抱负的女导演,她将全部精力投入到她所挚爱的事业中,婚姻、家庭、爱情、亲情,一切全顾不上了。她的目标是要成为全世界最杰出的导演。她拳打脚踢一路冲杀过来,她的业绩辉煌,作品屡屡得奖,媒体纷纷宣扬,观众热烈鼓掌,她终于成功了,她成了事业上的强者。

可是忽然有一天她发现自己怀孕了,但她仍然拼命工作,直到实在支撑不住才去医院检查。医生告诉她怀的是葡萄胎,这是一种恶性肿瘤,很可能病变的细胞已经转移到其他部位,她必须在三天后入院动手术。她不仅不能再生育,而且还可能有生命危险。这从天而降的横祸将安德莱阿吓坏了。

灾难之中的安德莱阿最需要的是精神上的抚慰,但一直为功名而顽强拼搏的她疏远了所有亲人,此时谁又能来安慰她?!无奈之中,她去找情人马里奥,但他对她的到来显得十分冷淡,因为她一向疏于与他的情感联络,曾多次拒绝他,他感到心灰意冷。话不投机,安德莱阿只好把话咽回肚里。

安德莱阿无奈之中去找自己的母亲,母亲对她的到来感到十分惊奇,因为这个女儿总是忙于功名,从未想到过回家看看。现在母亲也有了自己的生活,她全然不了解女儿的情况,也没兴趣去了解。在母亲这里也得不到温情关怀,她只好伤心地走开。

她又去找情人马里奥,话一开头,马里奥就指责她一向不通人情,只顾自己的功名而不顾别人的感情,即使见了面也是经常吵架。马里奥甚至觉得没有必要再同她深谈下去。事实上马里奥已经另找了女朋友,无心与她保持联系,她感到没趣,只好再走开。

万般无奈之中,安德莱阿想到了被她抛弃的初恋男人。当她找到他时,他感到十分吃惊,心想这个女人怎么还会想到来看自己……

亲情的冷漠使她感到心情苍凉万念俱灰,她只好再回到自己的屋里。她拿出她所欣赏的美国明星贾利·古柏的照片,但只能与他进行心灵的对话,因为他已安然去了天堂。参悟了生与死的意义之后,安德莱阿安然平静地走上了手术台……

3. 谁都没有错,可又都实实在在地错着

安德莱阿和吕薇一样是不幸的,甚至比吕薇更不幸,更令人同情。是什么原因导致了她们的悲剧呢?原因当然来自各个方面(这里不作全面分析),但从她们个人方面来说,原因在于她们共同的性格:事业心强,视事业为生命。那么,事业心强有罪吗?活该受惩罚吗?当然不是。可是为什么又偏偏要受惩罚呢?对此,安德莱阿和吕薇无论如何想不通。例如吕薇,她清醒地认识到,在与丈夫与公婆的家庭纠纷中,"谁都没有错,可又都实实在在地错着,若想改正,除非自己做出巨大牺牲。可是,为什么凡事都要女人牺牲呢?""这样想着,从心底冒出一股委屈,不由垂了泪。"是啊,谁都没有错；可又实实在在地错着。吕薇感到左右为难，她不知到底应该放弃家庭，还是应该放弃事业。她两者都不想放弃，而又无法两者都保全。这不是别的，这就是所谓人生的悲剧，所谓生存的困惑，亦即人生的两难选择。

当然，也并不是说事业与家庭必然有矛盾有冲突，事业成功必然家庭破裂，不是的。在日常生活中，将二者关系处理得和谐平衡的人并不是没有，而且为数也并不少。但同时我们也完全可以肯定地说，事业与家庭之间也确实经常发生矛盾。尤其在现代社会里，生存竞争激烈，尤其是一个女人，要想在竞争中站稳脚跟并获取胜利，必须付出全部的精力，这无形中就会影响家庭及亲情。所以事业与家庭的矛盾在现代社会中更尖锐更突出更具普遍性。它迫使每个人尤其是打算干一番事业的人不得不认认真真面对它，费尽心力处理它，化解它，争取事业成功，家庭幸福。

## （七）金钱与道德

### 1. 一个不成问题的问题

斟酌半天写下以上题目，仍不十分满意。为什么？因为"与"字两边的词均可以调换，不知选哪一个更好。如，"金钱"还可以换为荣誉、地位、权势、利益、爱、性等，"道德"还可以换为良心、人格、尊严等。总之，一边代表欲望，具有强大的诱惑力；一边代表精神，同样为人类所珍视。二者都是好东西，都为人们所追求，现在我们的问题是，发生矛盾和冲突，二者不可兼得时，你将选择哪一个？

以上问题，从理论上看，本不成其为问题，当然也就无所谓"两难选择"。因为，毫无疑问应该选择道德、良心、人格、尊严等，否则，难道还有其他选择吗？！但是，人不是生活在"理论"中，而是生活在具体的现实的世俗生活中。在具体的现实的世俗生活中，它却又是一个实实在在的分量沉重的两难选择。

在这一两难选择中，有相当多的人坚守精神的纯洁，选择道德、良心这一极,表现出崇高的人格力量;但无可否认的事实是,也有相当一部分人为了欲望的满足而不顾道德,不顾尊严,甚至不惜出卖灵魂,出卖人格,演出了一幕幕令人心酸令人感叹令人鄙夷令人痛心的人间喜剧或悲剧。这样的例子在现实生活和文艺作品中俯拾皆是,这里,我们向读者介绍一部美国影片《桃色交易》。

2.《桃色交易》故事梗概

《桃色交易》的故事梗概大致如下:故事中男女主角戴维和戴安娜是一对年轻夫妇,男的搞建筑设计,女的从事地产业务。夫妇俩情投意合,倾其所有建造自我设计并具有自我特色的温暖小窝。可是突如其来的经济危机使他们破了产,银行催着还款,他们手足无措,焦头烂额。为了还款,他们向家人借了五千元,但这笔钱之于债务等于杯水车薪,无济于事。无奈之中两人决定去赌场碰碰运气。结果运气不错,出师告捷,赢了一笔。

在赌城的豪华精品店中戴安娜结识了亿万富翁约翰。这位先生举止庄重,气度不凡,但却为戴安娜的高雅气质和动人美貌所倾倒。他看到戴安娜想买一件晚礼服而又出不起钱,于是就出钱买下送给戴安娜。他的大方让戴安娜吃惊,他的热情友好让戴安娜高兴。

赌场内,赢了钱的戴维忘乎所以,想赢更多的钱。赌注越加越大,结果转眼间一败涂地,输个精光。这一切全让约翰看在眼里。就在夫妇俩愁苦烦恼万般无奈之时,约翰向戴维夫妇提出要与他们做一笔"交易":他愿出资一百万美元,条件是让戴安娜与他相度一宵。由于这笔交易太赤裸太荒唐以至于让人感到恶心,感到这是对人格和尊严的污辱,所以理所当然地遭到了戴维夫妇的拒绝和嘲笑。但温文尔雅的约翰彬彬有礼地请他们先不要把话说死,回去还可以慢慢考虑和商量。

夜里,夫妇两个都失眠了,他们心里都在进行着剧烈的斗争。戴安娜看上了一块地皮,早就想买下来让戴维发挥他建筑设计的才华,但因为没钱这一愿望始终未能实现。如今有了这个机会,可是……她拿不定主意,于是问戴维。戴维也不知如何是好,于是推诿说一切由你自己决定。戴维的暧昧态度其实等于是无奈的默认,于是戴安娜决定了:"你情我愿,交易而已,这根本不代表什么,我出卖的只是我的身体,而不是我的心或我的思想感情。"

第二天他们去签约,戴安娜被留下,戴维被很客气地请出了约翰的办公大楼。此时,孤独无助的戴维百感交集,羞愤难言,心灵中忍受着痛苦的折磨与熬煎。夜幕降临时,戴维不敢再往下想,于是幡然悔悟,他发疯似的冲进大楼,要从约翰身边夺回戴安娜。可是约翰已用私家直升机载着戴安娜从楼顶起飞了。

在海上的豪华游艇里,真正进行交易之前约翰仍拿出绅士风度,问戴安娜是否后悔,如果后悔,他可以马上送她回去。戴安娜不愿朝令夕改言而无信,于是交易终于完成。

以后的生活表面上似乎没有什么,但内心所受的伤害是无论如何也无法平复的。心灵的创伤无法掩盖,戴维终于忍无可忍地发泄出来,两人的隔阂日益加深,彼此陷入无法自拔的痛苦深渊中。

戴维决心要出气,要报复,要找回自己的尊严。在一次捐助性的动物保护投标集会上,戴维抱着赌气的态度用"交易"得来的一百万"打败"了约翰。约翰对戴维的做法表示理解,因此也不与之较真,否则以他的财富绝不可能输给戴维。约翰明白戴安娜爱的仍是她的丈夫戴维,于是友好洒脱地退出了。戴维重新一无所有,但是这却多少恢复一点心理平衡,心中重新唤起对戴安娜的爱情,他俩不约而同地来到了他们初次约会的地点……

《桃色交易》的情节具有明显的假定性,是作者为了凸显"金钱与道德"的两难选择而刻意"编"出来的,但作品所揭示的人生困惑却是真实的。通过故事,作品展示了人物艰难而痛苦的精神活动历程,展示了人物在"金钱"与"道德"两极张力之间的摇摆:先是站在道德立场上予以拒绝,而后是经不住金钱的诱惑而履行交易,继之因受不了人格和尊严的严重伤害而戏剧化地向对手报了仇,最后又重新一无所有但却挽回了人格和自尊。转了一个圆圈,一切又回到原点上。但就在这一圈的运动过程中,人们经受了一次严峻的精神考验,观众看到了原本发生在千千万万人心灵内部的秘密,陪着经受了一场剧烈的心灵冲击,于是不由自主地会去想:假如我遇到这种事,又该怎么办。影片把观众引入了情感、伦理、道德的严肃思考中。

《桃色交易》的故事让我想起一个发生在我们现实生活中的小例子。一个写实性的文章中介绍过这样一个场面:几个白领女性非常优雅地在一起喝咖啡,其中一个说,人家谁谁谁真的会赚钱啊!一夜好几万啊!几个人同时发出鄙夷的嘲笑。停了一会,其中一个说,如果一夜给你一百万呢?此语一出,几个人全愣了,都沉默了。等了一会,几个人同时哈哈大笑。这一场面意味深长。她们为什么愣了,沉默了,很明显她们也动心了。一夜几万,她们瞧不上,但一百万让她们动心了,可见她们的道德感是多么的脆弱。

3.《老妇还乡》的故事梗概

如果说"金钱与道德"的两难选择在《桃色交易》中表现为对个体的心灵考验的话,那么,同样的考验也照样可以降临到群体头上。瑞士当代剧作家迪伦马特的名作《老妇还乡》(1956年)表现的就是这种考验。

《老妇还乡》的故事发生在欧洲中部某国一个名叫居伦的小城。故事开始时这个小城正面临一场灾难性的经济危机:工厂倒闭,国库空虚,市政厅只剩下一架破打字机,保险柜里一个子儿也没有,没有一个人纳税,小城最宝贵的历史博物馆三年前已卖给了美国,贫困和饥饿威胁着全市居民。

正在这时,一位出生于小城而如今是世界首富老妇人要回乡

## 二 路彷徨

访问，全城人为此欢呼雀跃，把摆脱危机的唯一希望寄托在她身上，希望她慷慨捐助，救济小城。

这位老妇人名叫克莱尔·察哈纳西安，45年前与本城青年伊尔热恋并怀了孩子，但伊尔却变了心并设计陷害了她，使她蒙受不白之冤，被迫流落他乡沦为妓女。后来她嫁给美国最为富有的石油大王，从此成为拥有油田、铁路公司、广播公司及游乐场的亿万富婆。这次回小城的目的是要报仇雪恨，讨回公道。她宣布向小城捐赠十亿镑，五亿给市政府，五亿由市民均分。但有一条件，那就是必须处死伊尔。用她的话说即"我要让居伦城谋杀一个人，我要拿一个人的尸体来换取繁荣"。

老妇人45年前的遭遇令人同情，45岁后老妇人要求讨回公道，应当说可以理解。但她公然用钱来买仇人的生命，用钱来唆使小城人亲手谋杀他们中的一员，却是对法律的公然嘲弄，对小城人的公然侮辱。小城人意识到她的要求的可怕性质，所以理所当然地拒绝了她。市长很威严地当众表态："我们并不是野蛮人。我现在代表居伦城的全体公民，拒绝接受你的捐赠；我以人类的名义拒绝接受。我们宁愿受穷，也决不能让我们的手上沾上血迹"。① 市长的话大义凛然，赢得市民雷鸣般的掌声。

但是，掌声过后，面对十亿镑的诱惑，小城人却不能不动心。不知不觉之间，小城人包括市长的生活悄悄地开始发生变化：人们竞相赊账购置物品，如洗衣机、电视、高档衣服，有的准备出外旅行，到外地看演出，其中，伊尔的儿子也买了漂亮的小汽车。人们渴盼那笔巨款，已经开始预支可能到手的那笔天上掉下的财富。此时，法律与尊严在人们心里已失去分量。伊尔越来越明白人们已心照不宣地要以他为牺牲品，便要求警察局以"挑唆谋杀罪"逮捕她。警察局却奉命去进行全市性的所谓"抓黑豹"的围猎活动，

---

① ［瑞士］迪伦马特：《迪伦马特喜剧选》，人民文学出版社，第236页，1981

他进一步明白人们"要抓的是我,是我"。他要逃离本地,全城人都去车站为他"送行",他明白自己已逃不掉。市长暗示伊尔自杀,以免去小城人谋杀同胞的罪名,但他拒绝了。最后,在全市公民大会上,集体表决一致同意接受贵妇人的捐款。市长在宣布表决结果时,市长和全体市民一致高呼:这决不是为了钱,而是为了主持公道,为了良心。我们决不能纵容罪恶行为,让我们除掉那个犯罪的人……

既然接受了捐款,就必须立刻交出伊尔的生命。于是,在众人包围之中伊尔被当众杀害。向外界宣布的是,一位老公民对贵妇人的慷慨捐赠过分激动,心脏衰竭,当场死亡。

从实际生活角度讲,《老妇还乡》和《桃色交易》一样,纯属子虚乌有,是作家为了传达自己的思想而故意编出来的荒诞故事;但从艺术角度讲,同《桃色交易》一样,它也具有无可置疑的真实性。我们说它真实,依据在于,它深刻揭示了一种残酷的生活真相,或者说是深刻揭示了人性中的某种弱点:面对金钱的诱惑,道德、良心、人格、尊严等显得非常软弱。

对于小城人人性中的这一弱点,城中有的人是十分清醒的。例如中学校长,他是小城中知识层次最高的人,也是具有人道主义信念的人,他曾坦率地向伊尔剖析过全体市民和自己的内心隐秘:"他们一定会弄死你的。从一开始我就断定他们会那样做,尽管居伦城的人谁也不肯承认这一点,你在很久以前也已经完全明白了。这诱惑实在太大,而我们的贫穷的处境也实在太难以忍受了。我现在更知道了另外一些情况,那就是我自己也会参与这个谋杀活动的。我现在清楚地感觉到,我正在慢慢变成一个杀人凶犯。我的人道主义的信念是完全软弱无力的,它并不能阻止我走上这条路。正是因为我完全了解这些情况,所以我也变成了一个酒鬼。

伊尔,我也和你一样感到非常害怕,而且心中的恐怖不下于你"。①校长的话道出了小城人之所以对捐款由拒绝到接受的秘密,道出了道德在金钱面前的无奈和无力。

值得一提的是,作者迪伦马特认为,发生在居伦城的故事并不只是居伦城的故事,而是到处都可能发生的故事;而且,居伦城的市民也不是一群恶人,而是和我们一样的人。所以他要求,演出时"绝对不能使他们具有恶人的形象"。作者的意思是,这是人性的弱点,这样的悲剧(迪伦马特称之为"喜剧")具有普遍性。

如果用传统的社会学的眼光看,《桃色交易》和《老妇还乡》的故事均发生于资本主义社会,我们可以说两部作品的思想意义在于揭露资本主义制度的罪恶,谴责或抨击资本主义社会里人们道德堕落的现实,等等。这当然不错,事实确实如此。但从人生角度看,事情却并不那么简单。事实上,金钱等原欲与道德、良心、人格、尊严的矛盾是除共产主义之外的任何时代任何社会任何阶级任何民族中的任何人,在现实生活中随时都可能遇到的沉重话题。在这一话题面前,每个人都面临严峻的考验,类似居伦城的悲剧随时随地都可能发生。因此,金钱与道德的冲突,每个人都必须严肃对待,都必须交出一份慎重的答卷,躲是躲不掉的。有人以为"金钱与道德"的矛盾只属于"资本主义"和"资产阶级"而自己可以置身其外,这种想法是大睁两眼说瞎话,不敢面对真切实在的人生,其实质是想逃避它的考验,是人格上的怯懦,是无耻的精神骗子。

**4. 容易受诱惑是人性普遍的弱点**

上面两个艺术作品和现实生活中那几个白领女性的表现,让我又想到古人一句话。清代小说评点家金圣叹说过一句耐人寻味的话:"人无正者,皆因饵不足也。"意思是,这个世界上没有正人君子,诱饵足够的话,就没有打不倒的。和金圣叹相似的还有某个外

---

① [瑞士]迪伦马特:《迪伦马特喜剧选》,人民文学出版社,第282页,1981

国名人的一句话:那些正人君子之所以还是正人君子,是因为他们还没有遇到足够的诱惑。言外之意是如果遇到足够大的诱惑,正人君子就被打倒了。这些话说得都非常冷酷但又非常到位,让你不得不感叹其中残酷的真理。由此又让我们想到一个是普通意义的哲学命题,即容易受诱惑是人性的普遍弱点,所以为人处世不得不时时提高警惕,一辈子保持严格的自律才能不犯错误。在诱惑面前多想一想人之为人的根本是人格,是精神,是灵魂,如果没有这个,那么人的高贵和尊严又在哪里?!古人尚且那么珍重节操,懂得自爱,知道羞耻,现代人反而倒退了,实在是太大的遗憾。

## (八) 利害与感情

在这个题目下我想讲的是,人世间的感情,如亲情、爱情、友情,都是非常美好的醉人的,但让人不得不感叹的是,一旦面临利害的考验,这些感情又显得非常脆弱。这方面的例子无论在现实生活还是文艺作品中,都是屡见不鲜的。这里我以中篇小说《隔膜》为例讨论这一问题。

### 1.《隔膜》的故事梗概

《隔膜》(《中篇小说选刊》1998.5)的作者是上海作家孙建成。据作者讲,小说来自于一个真实的故事,故事梗概几乎是纪实的,只是有些细节和人物有了变动。小说情节大致如下。

上海知青郁琼华"文革"中到东北某县林区插队,在极端孤独贫困中糊里糊涂与当地一青年结了婚,生有一女一子。知青大批返城时,她与丈夫离婚,二岁的女儿燕子留给丈夫,刚满月的儿子带回了上海。她走后,前夫再婚需要钱,把女儿卖给了一个无儿无女的林场工人。燕子长大后知道了自己的身世,下决心无论如何也要寻找到自己的亲生母亲。多次努力均告失败。一次,一个到该地出差的上海人偶然了解到此事后,慷慨好义,热心帮忙,几经周折终于在大上海找到了郁琼华。

## 二 路彷徨

此时的郁琼华生存境况比较困难。她回上海后在一家小文具厂当工人,与同是回城的知青结了婚,住在一间小小的房子里。现在一家人仍在生活的底层艰苦挣扎:丈夫遭车祸伤好后在市场当保安,郁琼华上岗下岗再上岗再下岗,如今靠做钟点工挣钱。知道女儿的消息,郁琼华十分激动,她觉得欠女儿太多,想尽一尽做母亲的责任,于是来不及思考便立马打电话请女儿到上海来团聚。

燕子第一次出远门不放心,她的男朋友陪她一路同行。母女相见当然高兴,当年插队的知青们知道后也为之庆贺,并为她们捐了一些钱。然而家里的生存条件却让人感到尴尬。一下子五口人挤在一间小房子里,站都没地方站。丈夫非常善良,善解人意,主动要求上夜班而且早上下班后不立即回家,为的是让燕子多睡一会儿。母女挤在一张床上,上高中的弟弟睡在地下,与燕子同来的男朋友只好住到街道招待所里去。接下来的问题更困难。燕子想让亲妈陪自己在上海玩个遍,把好吃的东西都吃过,然后为他们找一个工作住下去。然而,这些怎能是亲妈所能做到的?郁琼华呢,自从一见来了两个人心里就不耐烦,就开始发愁明天怎么办,后天怎么办。短暂的新鲜过去之后便是沉闷。燕子两人在街上玩了几天之后开始无所事事,亲妈天天上班打工也顾不上管他们。安排工作绝无可能,甚至打工一时也找不到地方。燕子两人带来的钱快用完了,向亲妈要又要不来。亲妈想让他们赶快走,燕子也感到住不下去,于是决定回东北。——一个见亲妈享受无限亲情的美梦破灭了,一个留大上海生活的美好理想消亡了,她很不情愿但又无可奈何地回到了她当初想离开的地方。离别前,燕子怨恨命运对自己的不公平,冲动之下洗劫了亲妈家放钱的抽屉。

《隔膜》的故事因为真实,所以感人。不过,这里的"感人"不是轻松的愉悦,而是沉重的酸楚,其中有伤感,有苦涩,有怅然,总之是一声长长的叹息。一对被命运苛待的母女,失散二十年后重逢,本应是一出无比幸福的正剧,然而谁也没有想到,结果竟演变成了

### 不惑之惑

令人伤感的悲剧。为什么竟会如此呢？平心而论，无论是女儿还是母亲，向往亲情渴求亲情的心都是真诚的甚至是很强烈的。这是人世间最纯真最美好的感情，本应该互相给对方带来最美好的幸福和享受，结果却出人意料。原因无他，就因为即使最美好的花朵也必须开放在现实生活的土壤上，艰苦困窘的生存处境如干涸的土地无法滋养美丽的花朵，只能无可奈何地让她枯萎了。正如作者在创作谈中所说，严酷的生存环境会改变亲情温馨的一面，让人们变得斤斤计较起来。故事中的母亲绝不是一个无情无义的冷血动物，而是一个深怀歉疚之情，一心想给女儿以母爱温情的人，所以当她知道女儿的消息后没有犹豫就立刻让女儿到自己身边。但一旦女儿来了，她又生出了厌烦之心，希望她赶快回去。她这么做自有她这么做的理由，我们无法对她进行指责，只能对她表示理解。在亲情与生存的两难选择中，她似乎只能选择后者，否则无穷尽的压力会让她承受不了。女儿对此也大为失望。她想早知道这样，你们当初就不该认我，不该让我来上海，现在兴冲冲地来了又灰不溜秋地回去，她有一种被人耍了的感觉，心里郁闷得慌，想找个地方狠狠发泄一下。（真实生活中女儿离开上海时说了一句充满忿慨的话：什么大上海，什么亲娘，呸，我不稀罕。小说中作者不忍心，所以没用这句话）而母亲呢，女儿没来时盼她来，来了又盼她走，走了又有一种茫然的失落感。两颗本来相互求近之心一经接触反而又疏远了。事情弄到这一步，女儿没想到，母亲也没想到。这不是母亲的冷酷而是生存的冷酷，在冷酷的现实利害面前，亲情是美丽的却又是脆弱的。

2. 涓生和子君的悲剧

《隔膜》中郁琼华母女的悲剧，我们似曾相识。还记得鲁迅的《伤逝》吗？那里涓生和子君的故事也是一场性质相近的悲剧。

涓生和子君是"五四"时期两个觉醒了的青年，他们反叛传统，追求个性解放，因真诚相爱而勇敢地建立起一个小家庭。这一切在现在看来再平常不过,但在当时却为沉腐落后的社会氛围所不容,周围人蔑视、冷眼、嫉妒、恶意破坏,终于涓生为此而失了业。失业意味着失去了生活来源,这对于他们来说是一桩十分严重的事情。在失业面前,曾经大无畏的子君变得怯弱了,虽然口头上说"那算什么",声音却是浮浮的,没有力量;涓生虽然一再说这只是"极微末的小事情",可是"心却跳跃着",十分惶恐。冷酷的生存处境使他们的心情极为灰暗阴沉,感情也逐渐淡化,冷漠,隔膜也逐渐加深。尤其是涓生,虽也极力挣扎,但效果不大,于是产生摆脱子君的念头,想一个人单独逃生。终于他向子君宣布:"我已经不爱你了","新的希望就只在我们分离"。子君走了,又回到黑暗中并为此牺牲了生命,一个因爱而筑起的小巢被生存的考验击毁了。

在这一悲剧中,自私和怯弱的涓生是有责任的,因而他有无尽的自责和忏悔。但如果把主要责任归于涓生也是不公平的。涓生和子君的悲剧的原因,从社会方面说主要是经济问题,他们没有独立的经济地位,因而发生生存的危机;从人生角度看,它又一次让我们看到在感情与生存之间的两难选择。在这一两难选择中,后者的力量是冷峻的、坚硬的,它往往迫使人屈而服之;而前者看上去是美丽的,是人们所向往的,但却又是脆弱的,容易毁灭的。这既让人感到遗憾,又让人感到悲哀。

3. 唐明皇和杨贵妃的悲剧

顺着这一思路想下去,我们会发现情感与现实利害相互冲突所造成的两难困境,在文艺作品中其实是一个久已存在并相当普通的主题。这里我们又想起了白居易的《长恨歌》。唐明皇与杨贵妃的爱情不可谓不真不可谓不深——"后宫佳丽三千人,三千宠爱于一身","春宵苦短日高起,从此君王不早朝"。但是当安史之乱爆发,"六军不发"举行兵谏要求处死杨贵妃时,唐明皇面临极为艰难的"两难选择":一边是爱人,一边是江山。他痛苦异常,无奈中,他只好决定"宛转蛾眉马前死",现实的政治利益终于战胜了至高无上的爱情,不仅为自己留下了"绵绵无绝期"的终生遗恨,也为历代读者留下了千古遗恨。

4. 一声叹息

亲情、爱情、友情……这一切美好的东西难道就一定那么脆弱无力吗?在一切类似的人生悲剧中,是该责备环境的严酷,还是该责备情感的脆弱?或者都该责备?或者,都不该责备?这,常常很难说得清。

## (十)善行与自卫

行善,可以说具有普世性价值,为古今中外各种文化所公认,所提倡。但是,让人遗憾的是行善者有时候不但得不到好报,甚至还常常陷入困境,让人不得不发出沉重的感叹。

例如大家经常挂在嘴上的一个老人在大街上摔倒了,一好心人上前把他扶起来,老人不但不感激感谢,反而抓住不放,说被他撞倒了,让赔医药费,等等,以至于如今人们再遇到这种情况首先不是考虑救助,而是拍照留下证据,再去救助;或者一走了之,或者旁观等警察。这类事已经成为世风败坏的典型例证,大家比较熟悉,我们不去评论。今天我向各位介绍另一类为行善而陷入困境的例子。

1. 钱大库的悲剧

我这里有一中篇小说《报恩》(作者刘国强,北京文学 2008 第 7 期),主人公钱大库出生在辽宁北部极为贫穷的深山区,钱大库天资聪明又极为刻苦,多年的艰难拼搏终于考上了北京一所大学的计算机专业。然而考上了却没钱上学,父子俩远远凑不够学费。正当他们准备放弃的时候,周围人知道了,纷纷来解囊相助。先是工资不高的老师拿来五百元,再是舅舅把娶儿媳妇的钱全部拿出来,而后村长把他看成是全村人的儿子全村人的光荣,发动全村人捐款,于是十元二十元伍十元一百元的拿来了,甚至还有一元的,有不少都是零角和硬币。这让钱大库一家感动坏了,爸妈对儿子说,这是乡亲们的心啊,将来你出息了一定要报答大伙啊!钱大库面向所有恩人长跪不起,叩头感谢所有人,发誓一定好好读书,学成归来一定报答大家。

为了节省路费,钱大库在北京本科研究生连续上了七年没有回家,毕业后本来可以留北京工作,但为了方便报答乡亲的恩情,他回到了沈阳。由于钱大库能力超强,工作努力,除工资外很快又拿到奖金五万元。春节期间回家拿这钱——还了乡亲,还资助了村里更困难的人。

回到沈阳,钱大库拼命工作,买了房结了婚,日子过得充实而幸福。但知道他发迹的乡亲们不断地来找他,有的向他借钱,有的让他帮助找工作,吃在他家住在他家,在工地上出事故住院他要出钱,还要帮助打官司。乱七八糟的事把他平静的生活打乱了,他整天穷于应付,甚至穷到没钱买菜吃。妻子怀孕了,几次三番想让他陪着到医院检查一次,但每次他都因帮助乡亲的事耽搁,妻子一个人在检查途中遭自行车撞而流产。痛苦不堪的妻子终于忍无可忍和他离了婚。不久父亲来电话,要求他凑八千块钱给舅舅。为了他上学,舅舅曾经把准备为大儿子结婚的钱给了他,现在舅舅的二儿子结婚缺钱用,父亲要求他无论如何要给舅舅八千块钱。此时的钱大库因为诸事闹心导致工作失误被老板炒了鱿鱼。没有办法,为了筹这笔钱,钱大库只好去建筑工地扛水泥扛沙包,还曾经不止一次的卖血。倒卖汽车的犯罪团伙知道他曾经是研究生,想利用他的人脉资源卖汽车。钱大库不明就里入了伙,还没收到第一笔提成就被警察带走了。

钱大库的人生悲剧令人感叹和惋惜。在他身上所表现的"受人滴水之恩,必以涌泉相报"的传统美德让人敬佩,但他的不幸遭遇所包含的人生困境也让人思索。人生在世,难免会遇到人情之累,甚至常常被人情压得喘不过气来。钱大库就是被这种人情债压垮了。当然我们也可以说钱大库过于迂腐了,还情还得过分了,离谱了,以至于牺牲了自己。是的,从钱大库这方面来说确有处理失当的地方,但乡亲们的贪婪索取是不是也有责任呢?

2. 李月梅的悲剧

这里有一个现实版的钱大库故事,题目叫:《"报恩"产生的悲剧》,现实中的钱大库是一个叫李月梅的女孩,来自吉林省蛟河市一个贫困山村。她报恩的结果是和乡亲们"反目成仇"。她毕业后借钱还完了欠乡亲们的所有钱,她用汽车拉回礼物每家都有份,结果遭到某些人偷抢,还完账后再每次寄回给母亲的治病钱被乡亲们排着队借走。乡亲们认为,"如果当初不是他们帮助李月梅,她就不会有今天。因此,他们上门伸手借钱,借得实在,借得理直气壮。乡亲们隔三差五地找李月梅办事,若办不成或不符合心意,就到处说李月梅是忘恩负义的小人。为此,李月梅家在村里抬不起头,与乡亲们无法相处。此时李月梅那多病的母亲,也终因承受不起乡亲们指责的巨大压力,于 2003 年 9 月 12 日撒手人寰。为了回报父老乡亲,李月梅还丢掉了好不容易得到的经理职位,又失去了母亲,最终与乡亲们反目成仇。"①

艺术中的钱大库和生活中的李月梅的处境和经历大致相同,以感受感人的人间温暖始,以令人心酸的人生悲剧终。导致悲剧的原因虽然不止一个,但可以肯定的是,乡亲们以债主的身份贪婪索取是其中一个主要原因。当初乡亲们帮助钱大库和李月梅上学是真诚的,但反过来他们把自己的好心当成了索取超额回报的资本,贪婪地索取让钱大库李月梅陷入困境。钱大库和李月梅无论如何也不会想到,他们的善良却换来了人们的心理扭曲和道德的沦丧,他们的好心没有得到好报,他们的行善反而导致了人间悲剧。

---

① 《人间》,2004 年,第 2 期

## 3. 神仙都头痛的问题

如果说钱大库和李月梅的"因善行而受困"是被动的、无奈的，因而陷入窘境是逃不脱的，那么主动行善又怎样呢？前东德著名剧作家布莱希特的《四川好人》（黄永凡译，中国戏剧出版社，1985）回答了这一问题。

《四川好人》的情节大致如下：三位神仙走遍天下寻找好人而不得，后来到中国四川首府，好不容易找到一位好人，这就是妓女沈德。她在房东"如果明天早上不把房租凑够就得滚蛋"的威胁下，宁愿放弃一个赚钱的机会而收留了怎么也找不到住处（谁也不愿接待）的三位神仙。神仙十分感动，为了报答沈德的好心，留给她一千块银元让她维持生计。沈德用这笔钱买下了一间烟店。她乐善好施，喜欢周济穷人，于是很快招来一批街坊邻居、街头乞丐，包括曾因交不起房租而把她撵到街头的老房东。这批不三不四的人在她的小店白吃白喝白住，还向她讨烟借钱财甚至讹诈。沈德的小店刚开张就面临危机。就连这批人也感到这样下去不行，问沈德"你这样开店，用不了三天就得关门大吉"，"你这个人太好，好过了头。你要是想保住这个铺子，就不能菩萨心肠、有求必应"。这时，沈德又好心救了一个名叫杨逊的失业飞行员并爱上了他。为了帮他找到工作，她借了二百元钱给他并打算卖掉自己的小店。但这小子却无情无义，不但不知感恩，反而利用她对他的爱情向她行骗。

就在烟店将要倒闭破产之时，沈德从那帮寄食者的暗示中受到启发，摇身一变幻化为一个青年男子，自称是沈德的表哥崔达，出来收拾残局。崔达冷面无情，下令"白给白送的施舍应当停办"，"但让每一个人面兽心的人都有新的机会，诚实做人，勤劳发家"。他借款租房开办了烟厂，雇用原来那批人进厂做工。他管理手段严厉，斤斤计较，不滥施恩。烟厂迅速发达，崔达很快成为烟草大王。此时他又开始暗中给穷人施饭发粥，继续慈善事业。但他的

## 不惑之惑

冷酷无情使人们怀念仁慈和善的沈德,有人怀疑是他谋杀了沈德,把他告上法庭。在法庭上,三位神仙施计成了法官,在审问崔达时,他没有办法,只好摘下面具脱去套衣,恢复沈德本来面目。面对法官和众人的质问,沈德说:"我就是沈德。崔达是我,沈德也是我。神明告诫,要做好人又要活,恰似落雷,把我劈成两半。不知何故,厚人又厚己,不能同时做;助人又助己,我力难胜任。""一颗婆心千斤重,把我压入地地下藏。我一狠心当财主,威风凛凛酒肉香!你们世界肯定不对头,为啥好人受严惩,坏人得犒赏?"面对沈德的困惑和疑问,神仙也不知怎么回答,只好说些"只要你人好,一切都好办"之类不着边际的空话赶快逃身。

《四川好人》明显是一出寓言剧,它不像传统的戏剧那样用逼真的情节引导观众产生真实的幻觉,从而进入角色体验剧情,而是用近乎荒诞不经的情节提出问题,迫使观众进行理性思考。本剧提出的问题就是沈德的困惑:怎样才能既行善又能生存下去;怎样才能既当了好人,又能活下去。或者说为什么要达到行善的目的却必须用"恶"作手段。对于这一困惑,布莱希特也不知怎么办,他把问题留给观众。剧本结尾的"收场白"中,作者通过某一演员之口直接面向观众说话:

尊敬的观众,/现且莫烦恼:/结局不合理/我们明知道。/原浮想,是段金色的传奇佳话,/到头来,结尾却是这般糟,/同人自感惆怅出意料。/还有那,闭幕后惹起的诸多问题,/仍得靠大伙在家般地自由去品嚼。/唯靠诸位解难题:/请即亲自想仔细,/帮助好人好到底,/能够采取啥方式。

剧本提出的问题不可能有完美唯一的答案,因为它实质上是人类生活中普遍存在的一个两难困境。

当然,在有些人那里,它或许不成问题。如有人把《四川好人》中提出的问题归结为资本主义社会的罪恶,认为只要推翻了资本主义制度,问题就可以解决了。这是一种传统思路,懒汉思路,闭着眼睛说瞎话的思路。问题很简单,我们的社会肯定不是资本主义社会吧?为什么也会出现帮人反被诬陷、做好事反而受困的事呢?可见,这绝不是一个简单的阶级、政治乃至制度问题,也不单单是一个特定时代的社会问题,事实上它是一个超越时代、超越社会的人生问题,人性问题。

如予不信,请看下面另一个人的故事。

读过王跃文的长篇小说《国画》(人民文学出版社,2000)的人大约还会记得宋达清这个人物。他是个派出所长,很善于攀缘官场,结交权贵,善于利用职权为自己为权贵办事,当然也干了不少好事,后来也升了官。读者可能觉得这家伙庸俗无聊,所以对他比较反感吧!他是怎样走到这一步的呢?作品在即将结尾时有了交代。他在车上向朱怀镜吐露心曲。他说:"这个社会有股看不见的力量,总想把人变成鬼。就说我自己吧,我知道有很多人恨不得把我煮了吃了。有人说我心狠手辣,什么事都做得出。我承认我就是靠这点狠劲儿在世上混。可我并不是从娘肚子里出来就是这个样子啊。刚从警官学校毕业,分配在一个基层派出所。因为我的业务能力不错,没两年就当了所长。我想好好干,保一方平安。哪里有案子我就带着弟兄们往哪里跑,一年到头忙得晕头转向。我自以为工作出色,很有成就感。哪知道,年底上面一检查,说我的辖区内发案率最高,社会治安最差。结果,那年我那个所被评定为最差所,属于整改对象,所里所有人员全年的奖金都没有了,兄弟们恨死了我。原来,别的所对一般案件根本不受理,一年到头专门抓嫖抓赌,收取罚款,结果经济收入上去了,社会治安好了。案件不受理,自然就没有发案率,上面当然说那些地方社会治安好了。这还只是我刚参加工作时,社会给我上的第一课。以后碰上的事情,说起来就有本书了。我得在社会上生存下去,而且还想比别人生存得好一些,我能怎样做?我没法改变环境,只好适应环境。现在,我耀武扬威地从我的管区内走过去,明知道有人在背后指指戳

## 不惑之惑

戳,我也只好这样忘乎所以了,头都不能回一下。"朱怀镜听了宋达清的表白,结合自己在社会上混的经历,深有同感。"他真的发现宋达清这人其实本质上并不坏。能说谁是真正的坏人?可有时只能坏起来,别无选择。"①

当然,毫无疑问,宋达清的叙述和朱怀镜对他的理解,肯定有自我表白自我开脱的成分,他们都缺乏独立抗争的意志和品格。但同样毫无疑问的是,他们也确实道出了生活本身的复杂和为人处世的无奈,所以我们也确实不好孤立地指责宋达清和朱怀镜他们个人。放眼滚滚红尘,类似宋达清和朱怀镜这样的人又何止千万!他们所面临的生存困境又有多少人能够避得开?

行善反而给自己带来麻烦,好人反而难以在世间生存,这肯定不合理(理念、理想、理论之"理"),绝对是不公平。出现这种局面,既有社会的,也有人本身(人性方面)的原因。所以,要改变这种局面,需要进行全面的综合治理,既包括社会体制、政策、法规、道德等方面的健全和规范,也包括人自身道德水平、精神修养、文明程度等方面的培养与提高。这是人类永远的课题,人类社会就是在对这一课题的深入探讨和逐步解决中不断前进的。

---

① 王跃文:《国画》,人民文学出版社,第 603~604 页,2000

## 三　金丝笼
### ——人生围城

这里的"金丝笼"和"围城"两个意象均来自钱钟书的著名小说《围城》。书中几个"海归"在一起讨论婚姻和爱情。其中有这么一段话：

慎明道："关于Bertie结婚的事，我也和他谈过。他引一句英国古话，说结婚仿佛金漆的鸟笼，笼子外面的鸟想住进去，笼内的鸟想飞出来；所以结而离，离而结，没有了局。"

苏小姐道："法国也有这么一句话。不过，不说是鸟笼，说是被围困的城堡，城外的人想冲进去，城里的人想逃出来。"

上述两个比喻（意象）生动形象、精辟精彩、富有深意，一下子扎进了读者的心。以至于可以把书中的一切全忘掉，但是这两个比喻、至少是"围城"这个词忘不掉。钱钟书先生本人也欣赏这两个比喻，所以取其一做了书名，从此，书以人传，人以书传，相得益彰，"围城"一词遂传遍天下，差不多成为人人皆知的流行语了。

"围城"一词的广泛流传，当然并不仅仅因为其形象生动（形象生动的比喻太多了，能广泛流传的又有多少？！），深层看，更因为它概括了深刻的人生哲理。以"围城"之喻看生活，会发现人生处处不围城，爱情、婚姻也罢，职业、事业也罢，人间万事，似乎莫不如此。"围城"概念的拈出，阔清了人们心中长久存在的一些困惑——原来想不通弄不明的人生现象，现在才明白原来是个"围城"。同时也增加了一些困惑——到底怎样才能走出去呢？难道真的走不出吗？人们真的被围城围死了吗？

围城让人苦恼让人不安，因而如何应对这些围城就成为精神生活中的一件大事。应对的前提是认识，一旦看破了这些围城，就可以让我们对人生、对生活有更深层的理解，从而能更清醒更自觉地把握人生，让心灵逐步走向平静和安宁。

本文顺着钱钟书先生的思路，挖掘并讨论一些生活中常见的围城。人生中此类围城数不胜数，限于篇幅，聊举几例以证之。

## （一）"物欲"的围城

物欲，作为人生最基础的欲望，其基本性质是增殖和贪婪，永不满足。不满足就使人痛苦，不满足就要追求满足，因而不满足作为人生活动之动力，永远在追求，永远在痛苦。然而，即使满足了，又能怎样呢？巴尔扎克的《改邪归正的梅莫特》(《巴尔扎克全集》第20卷，人民文学出版社，1989)讨论了这一问题。

《改邪归正的梅莫特》是巴尔扎克艺术殿堂里一部不太著名的中篇小说，却是体现他人生观的一篇重要小说。作者把它归在"哲理研究"部分，说明这是一篇讨论人生哲理的作品。

作品的故事梗概大致如下。

军人出身的银行出纳员卡斯塔涅，多年来谨小慎微，忠于职守，深得老板的信任，同时兼管账房后边密室内的文书工作。卡斯塔涅家有妻子，却又养了一位年轻美貌的情妇。他极其宠爱这个女人，为了让她过上奢侈浮华的生活，在物质方面他一切按巴黎最高档最时髦的标准供她享受。他花尽了所有积蓄，后又大量借债，最后不得不铤而走险利用职务犯罪：模仿行长笔迹签下几张信用证，准备带情妇出逃国外，隐姓埋名过逍遥日子。他深知这是一桩严重的犯罪行为，为此内心惶恐不安。

正当他为自己的犯罪提心吊胆之时，巴尔扎克安排的魔幻人

## 三　金丝笼

物——约翰·梅莫特——神秘地出现在他面前。梅莫特原为英国作家麦图林的小说《漫游者梅莫特》中的艺术形象，曾把灵魂出卖给魔鬼从而自己变为魔鬼。巴尔扎克小说中的梅莫特出卖灵魂后得到了他所期望得到的一切，但很快又厌倦了这一切。他想恢复自己原来的身份，为此他必须收买一个人的灵魂，让他变为魔鬼来接替自己的位置。他以无所不知之眼看上了卡斯塔涅，他看到困境中的卡斯塔涅为了物欲和情欲的贪婪，正准备犯罪，换句话说，正准备出卖灵魂。这是一个极好的时机。梅莫特找到卡斯塔涅，首先向他炫耀自己神奇的魔力，试图让卡斯塔涅服从他："谁有本事反抗我？你不知道我是万能的，尘世的一切都得服从我？世界是为我服务的。我有能耐永远享乐并赐给他人幸福。我的目光能刺过墙壁，发现财宝，大把地捞取。"总而言之，他无所不能。为了让卡斯塔涅屈服，接下来，梅莫特又进一步威胁他："你是属于我的，你刚犯下一桩罪行。我一向在寻找伙伴，现在终于找到了。"为了紧紧抓住卡斯塔涅不让他跑掉，梅莫特施展魔法让他看到情妇对他的无耻背叛，看到银行老板和警察策划抓捕他，看到他怎样被判20年监禁并被钉上镣铐。在卡斯塔涅万分惊恐时梅莫特又向他许诺，只要愿意出卖灵魂，就可以换取像上帝一样的权力，就可以抹掉一切犯罪的痕迹，黄金就可以滚滚流进他的腰包，不过前提条件是同意和梅莫特交换位置。

面对严重的威胁和巨大的诱惑，卡斯塔涅同意接受梅莫特的条件。于是，二人互相易位，梅莫特"改邪归正"还原为人，卡斯塔涅出卖灵魂变为魔鬼。

变成魔鬼后的卡斯塔涅立刻面目全非：脸色铁青，像梅莫特那样又凶狠又冷酷，眼中射出阴森森的目光，专横而高傲。他对情妇说，我把灵魂卖给他，我感到我已不是原来的自己，他要走了我的本质，把他的给了我。从此，卡斯塔涅变得无所不知，无所不能。

既然买到了可以随心所欲享福的权力，就要充分利用它。他拿这一权力首先满足他的口腹之欲。他举办了一次相当于罗马帝国全盛时代的闹宴,宴会漫无节制,穷奢极侈,所有人都拼命大吃大喝,席面几乎就是在他足下颤抖的地球。他好比一个浪荡公子欢度最后一个节日,对什么都不加珍惜。"魔鬼交给他人类快感之库的钥匙,他大把地汲取,很快就摸了底。他一旦领会到这个巨大的权力,就立即实施,检验,滥用。"

他利用手中的权力尽可能地享受他能想到的各种享受,然而尽情享受的结果却没有给他带来预期的快感。——"他的味觉曾经异常敏感,在饱食过度时突然麻木。他对珍馐和美女已完全腻烦,觉得毫无乐趣可言,既不想吃,也不想再爱了。""过去认为等于一切的东西,如今等于没有。无边的欲望的诗篇往往被占有所扼杀,获得的事物难以同梦想符合。"也就是说,一切来得太容易,一切变得没意思;过去他无限渴求的财富和权力,如今对他已毫无意义。他掌握了随时获得幸福的最高权力,却为此权力而深感忧郁。总之,他对获得的一切厌倦了,他和他的前辈魔鬼梅莫特一样,产生了乐极生悲的感觉。他"突然发现人性的空虚,因为随着无限的魔力而来的便是虚无"。

怎样摆脱这种"有"的过剩,或者说是"虚无"的困扰呢?途径是重新回归于"无",重新向往"无",追求"无"。现实、现世中的一切已丧失了吸引力,于是"他憧憬某种无边的东西,地球已不能满足。他明显绝望地感到有个光明的区域,他整日想展翅飞越过去。他内心焦躁,那些无法吃喝的东西强烈地吸引着他,使他又饥又渴。"

到了这一步,卡斯塔涅才理解了梅莫特为什么面孔干枯嘴唇血红,因为他有渴求——渴求自己所没有的东西。因为已经被逐出了天堂,所以他特别向往天堂,于是迫不及待地与自己交换身份,让自己做了他的替身。梅莫特的做法让卡斯塔涅深受启发。既然他是因为收买了自己的灵魂而走向天国的,那么自己何不像

## 三 金丝笼

他那样也找一个替身呢？于是他来到证券交易所，那里聚满了欲火中烧两眼冒火随时准备出卖灵魂的人。在这里，像梅莫特收买自己那样很快做成一笔交易，让别人当了魔鬼而自己也"改邪归正"了。

不用说，小说的故事情节是魔幻的，荒诞的，然而所蕴含的道理却源于生活，是真实的，深刻的。

一向以现实主义写实手法著称于世的艺术大师为什么忽然玩起了荒诞和魔幻呢？因为，在这篇小说中，巴尔扎克想传达的是对人生的哲理思考，过于写实的故事无法承载他的思想；同时，过于写实的手法也容易对读者产生误导，以为这不过是生活中一个真实的故事，因而放弃深层次的哲学思考。荒诞的情节具有"间离"作用，让人一看便知这不是一个"真实故事"而是作者"别有用心"的创作，于是跟作者一起进入思考。

那么，巴尔扎克想要表达的哲理是什么呢？

身处资本主义迅猛发展、生存竞争日趋激烈、物欲横流、道德沦丧的时代，巴尔扎克看到了太多太多出卖灵魂而"成功"的暴发户，这些人在物质享受方面穷奢极欲，以为这就是幸福。他们真的幸福吗？巴尔扎克认为未必！幸福决不像金钱"英雄"们所理解的那么简单。为此，他写下了《改邪归正的梅莫特》，提出了他对幸福的理解，其实也就是他的劝世之言。

作品中的梅莫特和卡斯塔涅有着共同的心理发展轨迹：为满足贪欲而犯罪（出卖灵魂变为魔鬼）——得到期望得到的一切——厌倦已得到的一切——渴望通过忏悔重新恢复为人（改邪归正）。

得到了渴望得到的一切而后又厌弃它，想方设法摆脱它，这是真实的吗？这是不是有点矫情呢？这是日常生活中一般人都会有的疑问。因为普通人的人生欲望没有得到全部满足过，也不可能得到全部满足，总是处于"渴望"的状态中，所以对"厌倦"感到不可理解。这是人生的常态。如果故事仅仅停留于这一层面上，那么

### 不惑之惑

就只好承认追求欲望满足是合理的,显不出其中的荒诞,所以巴尔扎克打破生活常态,引进一个魔鬼,让故事在"心理实验"中进行,让启示在"心理实验"中完成。

在"心理实验"中,厌倦得到的一切,厌倦随心所欲的生活,不但是可能的,而且是必然的,因为它以深刻的哲学规律为根据,符合生活和心理的辩证法。

生活和心理的辩证法告诉我们,幸福不是一种纯粹客观的状态,没有可以量化的外在标准,主要表现为一种主观的心理体验。没钱的人感到有钱买东西就是一种幸福,但亿万富翁什么都可以得到所以连购物欲都没有;乞丐感到有东西吃就是一种幸福,皇帝想吃什么就有什么但却经常什么也吃不下。总之,正如小说中所描写的,享尽快乐等于没有快乐,占有一切则一切都失去意义。幸福表现为一种满足感,而满足感是以缺憾为前提的,没有了缺憾的映衬,就无所谓满足,也无所谓幸福。这就是"乐极生悲"的内在机制。这里的心理路线图是:不满足寻求满足,太满足导致麻木,转而又寻求不满足。人类永远走在"不满足——满足——不满足"这一循环往复的路途上。看来,物欲的满足其实也是一个"围城":城外的人想冲进去,城里的人想冲出来。

透过物欲的"围城",我们领悟到物欲满足和精神生活的悖论关系:物欲不能满足时急于出卖灵魂,出卖灵魂换来了物欲的满足,同时也换来了精神的痛苦,因而又急于赎回灵魂。看来,贪婪的物欲与高贵的灵魂不可共存,前者是后者的大敌,要想保持高贵的灵魂,必须抑制贪婪的物欲。

通过物欲的"围城",作者还让我们对"幸福"有了更深一层的理解:幸福绝不仅仅是物欲的满足,更主要的是精神的享受;单纯的物质占有往往导致精神上的痛苦。在魔鬼眼里,所谓幸福仅仅是情欲的放纵,物质的占有,所以每当欲火中烧之时便不顾一切出卖灵魂,视灵魂为利害交易的筹码。卡斯塔涅如此,他的后继者亦

三　金丝笼

如此。然而,灵魂是这样一种东西:当你拥有它时觉得可有可无,当你失去它时觉得无比宝贵。例如变成魔鬼后的卡斯塔涅,知道女人唾手可得、会顺从他任何最任性的要求时,"他就极端渴望一种真正的爱,希望她们比实际上更钟情一些";作为魔鬼的愿望,这些已经谈不上信仰与祈祷,然而此时他渴望的正是"信仰和祈祷这两种起安慰作用的动人的爱";他因为失去了天堂而愈加向往天堂。他的前辈梅莫特也一样。改邪归正后的梅莫特,"在天恩的感召下,他悔悟的泪水流之不尽,只有死亡才能加以制止。圣灵附在他身上,他灼热的肺腑之言无悔于先知之王。"临死时他的脸上"由于信仰而显得崇高。灵魂仿佛从每个毛孔渗出,光彩照人,用无限仁慈的感情暖人心房",正是精神的渴求让他恢复为人。

梅莫特、卡斯塔涅二人的经历显示人性是复杂的:不只是有向恶的一面,而是还有向善的一面;不是只有追求物欲的一面,而且还有追求精神的一面。能够感受到物欲是围城并有冲出的愿望,就说明了这一点。人和动物的区别在于精神的需求,因而人向往灵魂的归宿,寻找心灵的寄托。

## (二)"占有"的围城

人生而有欲望而且渴望得到满足,当一无所有时千方百计想占有,而且想占有一切,恨不得占有全世界。可是当他/她占有了一切时又怎样呢?巴尔扎克的另一部小说《驴皮记》(人民文学出版社,1989)讨论了这一问题。

小说主人公拉法埃尔·瓦朗坦是一个聪明好学、虚荣心极强、渴望拥有一切而又一无所有的青年。他借住于巴黎一间肮脏而简陋的小阁楼,过着极为穷困潦倒而又紧张勤奋的隐居生活。他决心通过潜心研究与写作获得文名,从而挤进上流社会,得到他所希望得到的一切。然而这谈何容易!正当他困窘异常、一筹莫展之时,具有丰富混世经验的拉斯蒂涅嘲笑了他的生活方式,鼓励他参

### 不惑之惑

加社交活动,掌握社会诀窍为自己谋取利益,启发他挥金如土及时行乐,怂恿他像江湖骗子那样去冒险。瓦朗坦经不住这番诱惑,开始了在上流社会追求虚荣、追求奢华、追求纵欲的混世生活。他混迹于挥金如土的豪门贵族之中,用维持最低生活水平的钱去赌博,追求冷酷自私的贵妇人,出入于舞厅妓馆。但因为他缺少混世的起码条件——金钱,所以他一败涂地,最后竟至于走投无路打算投塞纳河结束生命。

正当他要投河之时,一个类似于中国神仙式的人物——百岁老人古董商来了。老人看出他欲火中烧却一无所有,提出给他一张驴皮(驴皮是一个"灵符",相当于中国的"宝葫芦"),说这张驴皮可以满足他的一切欲望,但是有一个条件。这个条件即印在驴皮上的神秘文句:

你如果占有我,你就占有一切。但你的生命将属
于我。这是神的旨意。希望吧,你的愿望将
得到满足。但你的心愿须用你的生命来
抵偿。你的生命就在这里。每当你
的欲望实现一次,我就相应地
缩小,恰如你在世的日子。
你要我吗?要就拿去。
神会允许你。但
愿如此!

这里的条件很简单:要想占有一切,必须以生命作抵偿。这是一个非常残酷的条件,它尖锐地凸显了"占有"(得)与"失去"(失)之间的深刻矛盾。然而对于一心想纵欲享乐的瓦朗坦来说,这一切全顾不得了。他想在青春时期享尽一切荣华富贵:"我需要在最后的一次拥抱中把天上人间的一切快乐都享受一番,然后死去"。用现在流行的时髦话来说就是"过把瘾就死"。他勇敢地接受了驴皮,他同命运签订了契约。

## 三　金丝笼

　　从此,瓦朗坦开始一步步地占有他所需要的一切:先是一笔从天而降的横财——600万法朗的遗产,奢侈浮华的豪宅,完美无缺的爱情——人所能想到的享受在他这里应有尽有。为了对瓦朗坦的纵欲生活有些许的感性了解,让我们一瞥他的豪华盛宴吧!先看餐厅布置:"所有的房间铺陈的无非是丝绸和黄金,华丽的烛台上燃着无数的蜡烛,使得金色柱头的最细微的地方、铜器上精致的雕镂和木器的富丽堂皇的颜色更加光彩夺目。优美的竹制花架上摆着名贵的盆花,散发着阵阵馨香。这里的一切,甚至帷幔之类,都有一种毫不夸张的典雅气氛"[①]再看筵席陈列:"桌布象新降的白雪那么洁白,桌上整齐对称地排列着餐具,每份餐具旁边堆着金黄色的小面包。水晶杯不断反射出彩虹般的星光,银烛高照,烛光交相辉映,盛在银盘里,用圆盖罩住的各色佳肴,既刺激食欲,又引起人们的好奇心。波尔多的白葡萄酒,勃艮第的红葡萄酒,大倾注,完全是王宫的气派。"[②]总之,人间所能有的他都有,他在人间过上了天堂才有的生活。

　　然而,当他尽情享受这一切好东西时,眼看着驴皮一点点在缩小,也就是自己的生命一点点在逝去,瓦朗坦感到了恐惧。于是瓦朗坦开始节制自己的欲望,后来干脆回避一切欲望,对于过去曾渴求的东西连想都不去想,以至于连"您愿意么?你要么?你想要么?"这类词句都不让用,连行善的愿望也不敢有。他离开了物欲横流的城市,来到了山野田园,试图过一种像植物界一样恬静的生活。严格的禁欲生活加上精神的折磨使他憔悴干枯,面色苍白,虚弱无力,几近于一具活尸。这种生活其实已不叫"生活",已等同于死亡。这是违背人的天性的,这同样让瓦朗坦痛苦万分。最后,他终于无法控制对心上人的爱情,在爱欲的喷发中死于情人的怀抱。

---

[①]　[法]巴尔扎克:《驴皮记》,人民文学出版社,第56页,1989
[②]　[法]巴尔扎克:《驴皮记》,人民文学出版社,第58页,1989

瓦朗坦以自己的生命证实了"驴皮"的灵验,也就是以自己的命运证明了"占有"其实也是一个围城:一无所有时千方百计想占有,而占有(这个)的同时就意味着失去(那个),占有就是失去,甚至是失去更宝贵的。为了不失去因而不敢再占有,乃至于千方百计逃避占有,放弃占有,这就是"占有"的围城。

### (三)"婚姻"的围城

婚姻的围城是钱钟书小说"围城"的隐喻中众多围城中的中心围城。在钱钟书的小说《围城》(人民文学出版社,1983)中,婚姻的围城主要体现在主人公方鸿渐和孙柔佳的婚姻生活中。

方鸿渐与孙柔佳相识于赴三闾大学任职的途中。漫长而艰难的旅途生活,一天到晚的随时接触,让他们互相对对方都有好感。在三闾大学,两人生活得都不愉快。首先是方鸿渐受聘为教授却被降格为副教授;再就是所教非所学,工作不顺利;还有上司、同事的龌龊卑鄙的嘴脸,人与人之间无穷无尽的倾轧排挤,钩心斗角,都让方鸿渐无比烦躁、烦恼,十分郁闷。孙柔佳的生存处境同样不佳。她刚刚毕业,没有任何教学经验,偏偏被分配教一个程度较差的英语班,学生怨声载道,结伙给她难堪;同事们没有人同情关心,而是在一边看笑话;与同宿舍的女同事又龃龉不和,所以她生活得也极不愉快。一片冷漠的艰难处境中,方鸿渐和孙柔佳相互接触,让彼此感到温暖。加上原来双方互有好感,于是迅速由恋爱而至订婚,旋即又步入婚姻的殿堂。走到这一步,是生存的需求,感情的需求,总之是共同的需求。婚姻让双方感到了生活的稳定和温暖,有了共同休憩的港湾。

最初的婚姻生活是甜蜜的,然而不久就开始出现小摩擦。首先,结婚之前,双方是同事、熟人、恋人,有一定的距离,互相对对方都看不太清楚;双方为了博得对方的好感,彼此都很客气、礼貌和忍让,都把自己的缺点、弱点小心翼翼地掩盖着。结婚之后两人零

## 三　金丝笼

距离了,彼此也不必要那么客气和礼让了,自身固有的缺点、弱点也就暴露出来。双方的面目与原来都不太一样了,于是对对方就感到有点失望,感到自己看错人了。这就是方鸿渐所说的:"现在想想结婚以前把恋爱看得那样郑重,真是幼稚。老实说,不管你跟谁结婚,结婚以后,你总发现你娶的不是原来的人,换了另外一个。"①

其次,婚姻生活看似是两个人的事,其实关涉到双方的家庭(家族)、亲戚,乃至于更广大的社会面。小家庭要融入大家庭、家族、亲戚,融入社会,总是有盘根错节纵横交错的关系要处理,于是少不了会产生无穷无尽错综复杂的矛盾与纠葛。例如,方家嫌孙家陪嫁少,嫌媳妇不漂亮,不懂事,没有恪尽媳妇之道。孙家嫌方家封建,迂腐,对自己家的女儿太简慢。柔佳在方家受婆婆挑剔,受妯娌挤兑,鸡毛蒜皮,琐琐碎碎,没完没了,极其无聊。方鸿渐在孙家的待遇也好不了多少。孙家嫌女婿懦弱无能,瞧不起他,连仆人都不尊重他。就这样,小家庭所处的环境中到处是"一地鸡毛",让双方都觉得压抑、憋闷,感到无法忍耐,都想逃离而不得。

再次,家庭生活,柴米油盐,衣食住行,是需要经济为基础的。而方鸿渐的小家庭暂时还没有这个能力,还需要双方家庭的资助。为了生活下去,他们都必须出去找工作。求职不顺利,工作不顺利,人际关系不顺利,让方鸿渐身心疲惫。加上日常生活中为小事不断口角、怄气,两人心里都烦不胜烦。

还有,结婚的双方都对对方既具有了某种权利,同时又要承担责任和义务,意味着负担和不自由,所以英国哲学家罗素说,人一结婚就等于把命运给抵押出去了。这种不自由也让人感到心烦。

在种种难以言状的苦恼和厌烦中,方鸿渐要离开上海到重庆找朋友帮忙就业,孙柔佳想让他独立,不要总是依赖别人,她希望

---

① 钱钟书:《围城》,人民文学出版社,第342页,1983

他留在上海。他们双方都还在为小家庭着想,都还有和睦相处的愿望。但是,一次充满意气的激烈冲突中,双方都动了手,使本来就有裂隙的夫妻关系更加恶化,柔佳一气之下出走去了姑母家,方鸿渐茫然不知所措,麻木地睡去:"没有梦,没有感觉,人生最原始的睡,同时也是死的样品。"①

总之,婚姻生活带来了温暖和幸福,同时也带来了意想不到的苦恼和麻烦。温暖幸福吸引人趋向它,苦恼和麻烦驱使人逃离它。这就是所谓的婚姻的"围城"。

方鸿渐、孙柔佳二人的婚姻之所以成为"围城",当然有其特殊的、个别的、个性的原因,但是,这种特殊里包含着普遍,个别中寄寓着一般,个性中蕴含着共性。每个人的婚姻从具体而微的角度看可能各不一样,因而各有其特殊性、偶然性,然而从形而上的角度看,撇开千类万殊的差异,抽象起来看,就有其必然性、普遍性。

文艺作品中的万千例子就不用举了,这里再说一个现代文学史上徐志摩与陆小曼的例子吧。

徐志摩是著名的浪漫派诗人,爱情在他那里不单是形而上的精神之恋,也不单是形而下的肌肤之亲,而是一种宗教,而且是最高的宗教——诗意的信仰。他认为两个人只要是真爱就不是罪,为了爱,"在必要时我们得以身殉,与烈士们爱国、宗教家殉道,同是一个意思"。② 在爱情上他要求的是绝对,要么全有,要么全无,为了爱他能万死不辞,他敢孤注一掷。他是这样想的,也是这样做的。在伦敦留学时他已经结婚,为了追求十六岁的林徽因,他不惜跑到德国绝情地与已怀孕的妻子离婚。追求林徽因失败,又转而追求有夫之妇陆小曼。陆小曼是高官的女儿,才貌双全,是当时社交场上的明珠,丈夫是军官,在美国留学时曾是艾森豪威尔的同窗

---

① 钱钟书:《围城》,人民文学出版社,第 359 页,1983
② 王开林:《新文化与真文人》,中华书局,第 150 页,2006

三　金丝笼

好友,回国后年纪轻轻就进入政界,春风得意,而且还是徐志摩的朋友。徐志摩受陆小曼的丈夫之托为陆小曼排遣孤独和无聊,结果他们一见钟情,爱得疯疯癫癫要死要活,完全不顾一切。他们觉得只要能走到一起,就是进天堂了,此生此世死也值了。甘冒天下之大不韪的结果是有情人终成眷属,新时代的一对才子佳人终于梦想成真。但婚后他们并没有如所想象的那样"从此过着幸福的生活",而是不久两人之间就出现了裂隙。婚后两个多月徐志摩就发现"爱是建设在相互的忍耐与牺牲上面的",就开始对生活感到绝望,一再在日记中问"生活有更新的希望否?""愿新的希望,跟着新的年产生;愿旧的烦闷,跟着旧的年死去。""整天是在沉闷中过的,到哪儿都觉得无聊,冷。"①陆小曼的感受呢? 一样! 她也感到了婚姻的悲凉。她对朋友说:"按理讲婚后应过得甜蜜而幸福,实则不然,结婚成了爱情的坟墓。志摩是浪漫主义诗人,他憧憬的爱是虚无缥缈的爱,最好处于可望而不可即的境地,一旦与心爱的女友结了婚,幻想泯灭了,热情没有了,生活变成了白开水,自己追求的犹如一串泡影转瞬化为乌有——"②总之,两个人对婚姻都厌倦了,开始吵闹、冷战,都想走出婚姻的围城了。终于在一场大闹之后徐志摩负气离家出走要去北京听林徽因的讲座,结果不幸飞机失事,命丧黄泉。

徐志摩是诗人,生性浪漫,跟着感觉走,缺乏理性,这确实是徐志摩、陆小曼二人婚姻失败的原因之一。但是,即使是很冷静、很理性,又该如何? 也说不了。这里再提及一个极为特殊的另一世界级名人的案例吧! 那就是著名的科学家杨振宁的再婚。科学家是再理性不过的了,况且,杨振宁又是八十多岁的世故老人,他应该对婚姻有足够的经验和智慧的了。2004年,杨振宁以82岁的

---

① 王开林:《新文化与真文人》,中华书局,第156～157页,2006
② 王开林:《新文化与真文人》,中华书局,第157页,2006

### 不惑之惑

高龄与 28 岁的翁帆结婚,成为轰动一时的佳话。几年过后,杨振宁接受记者的专访,畅谈他对再婚的体会,其中有这样一段耐人寻味的话。他说:"结婚成功的最重要的原则,就是得要能够接受你后来发现的关系跟你当初想象的不完全一样。你得要能接受,而且得要能彻底的接受。这个观念是我累积了几十年的人生经验和教训得来的,所以,我变聪明了。"[①]杨振宁的话是方鸿渐的婚姻体悟的现代版,这里面不是反映了一种哲学上的普遍和必然吗?!这种围城的必然性,差不多已成为大众的常识了,人们理解了,接受了,人人变得颇有智慧了。

婚姻是一座围城,那么进入这一围城就一定走向悲剧吗?不一定。这要看进入这座围城的人的人生经验和人生智慧,看他们会不会调整和适应,调适好了,就会避免悲剧的发生。为此人们作了多方面的努力和尝试,结果是既充分享受了婚姻生活的幸福,又避免了或恰当处理了婚姻生活所带来的苦恼和麻烦。

调适的努力是多方面的。从思想上看,双方要明白爱情和婚姻的联系与区别。婚姻当然要以爱情为基础,但用周国平的话说,爱情是精神生活,遵循的是理想原则,婚姻是社会生活,遵循的是现实原则。因此,恋爱中的人总是把自己最好的一面呈现给对方,这完全可以理解;而结婚后进入现实生活,要天天生活在一起,无形中双方的缺点就会暴露出来,这也完全正常。这未必就是对方有意欺骗了你,而只是过去的境况下没有暴露的机会。当对方暴露了以前没有暴露的缺点和弱点时你怎么办?只要不是原则性的致命的缺点,那就理解和接受它。

要知道世界上没有十全十美的人,他(她)不是,你也不是,大家都不是。古人云,人非圣贤,孰能无过?还说,人无完人,金无足赤。还说,水至清则无鱼,人至察则无徒。这些话都充满了人生智

---

① 《羊城晚报》,2008 年,10 月 27 日

## 三 金丝笼

慧。这些智慧的获得肯定是古人从不完美的人生中总结出来的。他们的人生也不圆满,他们看到这是事物的客观规律,世界本身就是这个样子,人也一样。于是他们对于自己遇到的不完美理解了,接受了。既然如此,你又何必失望?! 你有什么理由失望?! 如果你紧盯着对方的缺点不放,不能容忍,那只能证明你的简单、幼稚和褊狭,还不够理性和成熟。成熟理性的心态应该是,学会与有缺点、弱点、错误的人相处。

当然,这样说并不意味着无所作为、一味地接受和容忍,而是在容忍中批评和改造乃至于斗争,在批评、改造、斗争中容忍。在容忍和批评、斗争之间寻求一个平衡点,把握好一个度。这是一种积极的动态的平衡,而不是一味迁就的消极忍耐的平衡。这样的婚姻生活就充满活力。

西方哲学家蒙田曾引某人的话说:"美好的婚姻是由视而不见的妻子和充耳不闻的丈夫组成的。"这话当然是一种戏谑和调侃,是黑色幽默,但是,如若抖落其中的玩笑成分,余下的合理成分是,对对方的缺点、弱点不要过分较真,过于苛刻。看来善于较真的西方人也有了东方人的智慧,或更准确地说是,在婚姻观的某一点上东西方人达成了共识,人类有了共通的智慧。

对对方的缺点如此,对家庭中的矛盾与冲突也应作如是观。夫妻之间的矛盾冲突,往往是琐碎的生活小事,如果不加节制,往往会酿成大的矛盾冲突。就方鸿渐和孙柔佳互相动手打人的冲突来说,完全是非理性的意气惹的祸。就在他们激烈冲突未暴发的几个钟头之前,"那时候,鸿渐在回家的路上走,蓄心要待柔佳好,劝她别再为昨天的事弄得夫妇不欢;那时候,柔佳在家里等鸿渐回来吃晚饭,希望他会跟姑母和好,到她厂里做事"。但是,一语不合,或者口气不对,或脸色不好看,就激出了意气,一怒之下就使局面不可收拾。夫妇之间的许多悲剧往往并不是由大事而是由小事引起的,岂不悲哉?! 所以理性和宽容是夫妇生活中必不可少的。

即使是浪漫的恋爱,由激情支配,往往是非理性的,但也绝对不可没有理性的约束。完全没有理性的约束,就像脱缰的野马、断线的风筝,走向绝路是必然的!

需要约束的不仅仅是自己的情绪,更重要的是行为。婚姻生活,既是个人间的私事,又是社会生活的一部分,因此走进婚姻的人就不能光是想到权利,还要想到义务,想到责任,就不能仅仅追求自由而不顾社会规范。

这些说起来都是老话,似乎是人人都知道的,但是,知道是一回事,做起来又是一回事。知和行若能取得统一,至少取得大致的统一,人们就可以减少婚姻生活中的苦恼而增加其幸福,婚姻的围城就不至于变得很可怕。

### (四)"激情"的围城

"婚姻"的围城说的是正式夫妻之间婚姻生活的围城,"激情"的围城讨论婚外恋的围城。

在人类情感生活,尤其是在男女之间的情感生活中,不管主体是否能够意识到,人们的内心深处总有一种隐秘的倾向:渴望激情。表现这种倾向的文艺作品不可胜数,这里我们略举几例加以分析。

比较早也比较有代表性的人物形象恐怕要属福楼拜笔下的爱玛,即包法利夫人(《包法利夫人》,李健吾译,浙江文艺出版社,1992)。爱玛是外省一个富裕农民的独生女,她自幼在修道院附属的寄宿女校读书,受着贵族式教育。爱玛渴慕虚荣,喜好刺激,她爱海只爱海的惊涛骇浪,爱青草仅仅爱青草遍生于废墟之间,凡不直接有助于她的感情发泄的,她就看成无用之物,弃之不顾。浪漫主义小说和多愁善感的性格使她对婚姻充满了诗意的幻想,然而现实生活却与她的想象相距甚远。她幻想中的丈夫应该无所不知、无所不能,能够启发女人领会热情的力量和生命的奥妙,然而

## 三　金丝笼

她的丈夫查理·包法利先生却是一个极为平庸的乡下医生。"查理的谈吐就像人行道一样平板,见解庸俗,如同来往行人一般,衣着寻常,激不起情绪,也激不起笑或者梦想。"他不会游泳,不会比剑,不会放手枪,甚至没有动过看一场戏的念头。丈夫的平庸让爱玛非常失望,婚后的生活凝滞、呆板,百无聊赖,沉闷空虚。她的灵魂深处,一直期待意外发生,期待偶然事件的出现改变生活,期待她认为人生应当经历的疯狂爱情。"可是上帝有意同她为难!她就什么事也碰不到。"

后来,爱玛渴望的"疯狂爱情"终于出现了。她丈夫看她整日闷闷不乐,无精打采,为了解除她的烦闷,从偏僻的小城镇迁到较繁华的永镇居住。在这里,深谙风月的土地主罗道耳弗看到爱玛年轻漂亮,便向她调情,她经不住诱惑,很快投入他的怀抱。她想不到的那种神仙欢愉,那种风月乐趣,终于到手。久经压抑的感情一涌而出,欢跃沸腾,她兴奋地卷入激情的漩涡,任其漂流。

热恋中的爱玛多次要求罗道耳弗带她私奔,但罗道耳弗不过是逢场作戏,玩玩而已,后来终于无情地抛弃了她。她大病一场,病好后依然不甘心平凡的日子,又陷入一场婚外恋情,并为此大肆举债,终至无力归还。高利贷商人一再催逼,爱玛遍借无果,万般无奈之下服毒自杀,为自己的"激情"付出了惨重的代价。

再一个"渴望激情"的典型人物,我想说一说20世纪90年代美国小说《廊桥遗梦》([美]罗伯特·詹姆斯沃勒著,梅嘉译,外国文学出版社,1995)中的女主角——弗朗西斯卡。

弗朗西斯卡出生于意大利,后来到美国学比较文学,毕业后到温特塞特地区当了英文教师并嫁给了当地一位退伍军人。丈夫是一位农场主,他不喜欢她出去工作,因此她辞去了工作成为专职农家妇女。她有两个孩子,丈夫对她也很好,应该说她的生活很幸福,但她内心深处却有一种说不清的淡淡的遗憾。封闭的乡村生活让人感到沉闷和压抑。这里的生活方式枯燥乏味,没有浪漫情

不惑之惑

调,没有性爱,人们在平平淡淡的日子里过着同床异梦的生活。人们不谈艺术不谈梦,永远的话题只是天气,农产品价格,谁家生娃娃,谁家办丧事等非常实际的内容。用弗朗西斯卡的话说即"这不是我少女时代梦想的地方"。她与环境格格不入。在家里,她喜欢独处深思,或在厨房里读小说,或坐在前廊秋千上眺望远方。她与丈夫缺少精神上的沟通和理解。丈夫的观念保守陈旧,认为女人戴耳环太轻佻,性爱不体面而且很危险。这里没有自然亲密的性爱愉悦,有的只是最原始意义上的性的本能和种的延续。

这一切让弗朗西斯卡感到不满足。她感到"在她身上还有另外一个人在骚动,这个人想要沐浴、洒香水……然后让人抱起来带走,让一种强大的力量层层剥光,这力量她能感觉到,但从未说出过"。① 总之一句话,她厌烦生活的沉闷和乏味,她"渴望激情"。她用叶芝的诗来表达自己的心情:"我到榛树林中去,因为我头脑里有一团火……"

后来,具有浪漫气质,自称是"远游客"和世界上最后一个"牛仔"的摄影家罗伯特·金凯出现于弗朗西斯卡的生活中,一下子点燃了她心中多年封闭着的那团火,于是激情喷发,他们疯狂地相爱了。虽然在一起的时间只有短短的四天,但弗朗西斯卡说"在四天之内,他给了我一生,给了我整个宇宙,把我分散的部件合成了一个整体"②罗伯特也庆幸他们的结合,感到"在一个充满混沌不清的宇宙中,这样明确的事只出现一次,不论你活几生几世,以后永不会再现。"③

---

① [美]罗伯特·詹姆斯沃勒著,梅嘉译,《廊桥遗梦》,外国文学出版社,第68页,1995

② [美]罗伯特·詹姆斯沃勒著,梅嘉译,《廊桥遗梦》,外国文学出版社,第14页,1995

③ [美]罗伯特·詹姆斯沃勒著,梅嘉译,《廊桥遗梦》,外国文学出版社,第119页,1995

## 三　金丝笼

爱玛和弗朗西斯卡"渴望激情",从客观原因来说,她们都生活于保守闭塞的农村,她们的丈夫文化层次和精神品位都不高,都比较平庸,缺少情趣。那么,生活于繁华喧嚣、文化生活丰富、时时处处都充满了新鲜刺激的城市,尤其是现代城市,而且丈夫或妻子都是有很高文化及精神品位的人,就不"渴望激情"了吗?未必!这里有一部长篇小说,书名恰好就叫《渴望激情》(皮皮著,春风文艺出版社,2000),讲的就是现代城市文化人"渴望激情"的故事。

故事中的男女主角都是高级知识分子。男的叫尹初石,报社摄影部主任;女的叫王一,大学教授。夫妻二人都很善良、文雅,互相尊重,互相谅解,互相关怀,互相帮助。双方都在尽力地履行自己的责任和义务。每天早上王一起来做早饭,这让尹初石感到隐隐的不安,心存某种感激。王一呢?每天上班下班,做饭洗衣服,孩子出生后更是如此,她从没觉得尹初石不关心她,他很周到也很体贴,更重要的是在夫妻生活中他很讲道理。他们从不吵架更不打架,他们的家庭平稳和睦,生活安定而宁静,连一点小的冲突也没有。平静的生活将他们的情感分别掩埋着,他们已经不了解对方的内心情感,因为情感没有碰撞就产生不了火花,彼此就不能互相感觉到。其实,在和睦和安定之中,两人都模模糊糊地感到似乎是缺了点什么。正如丈夫尹初石有一次向情人小乔说的那样:"我们结婚十几年了,她是个非常好的女人,无论做妻子还是做母亲,她都没什么过错。可悲的是我们的性情决定了我们的生活只能那样,像一潭不流动的水。我……我……我总觉得缺点儿什么。"缺点儿什么呢?简单地说,缺点儿激情,缺点儿男女生活中的热烈情感。

对于这一点,夫妻双方在发生婚变之后都意识到了。尹初石说:"我需要激情碰撞,我需要别的女人填补这块空白,王一不需要么?也许她跟我在一起才使得生活死气沉沉,也许换个男人,她也会发现另一种生活,也许她更喜欢那种生活。"婚姻破裂前,妻子王一在与丈夫的一番深谈中也同样省悟到了这一层,她坦白地对尹初石说认识那个老外之后才明白自己这么多年并不是不需要激情,而是没有合适的人去激发它。事实正是如此。他们之间有尊重有关怀有谅解有忍让,但仅有这些是不够的,他们还需要激情。所以当遭到"激情"袭击的时候,他们谁都未能躲开,都做了"激情"的俘虏:首先是尹初石有了婚外恋,极大地伤了王一的心;然后是一个外籍教师真诚而痴迷地爱上了王一,王一也接受了他的爱情。一个和睦的家庭终于解体了。

　　从以上三部作品的四个人物身上我们看到,无论中国与外国,无论城市与乡村,无论性别与职业,无论文化层次高与低,走进恋爱与婚姻圈子里的人,在情感方面一个普遍的共同要求是——渴望激情。激情使人热烈奔放,神魂颠倒,充满生机与活力;激情让人的生命力得到尽情的扩张与释放。激情是一首调子高昂激越的抒情诗,激情永远富有魅力。但是,就生活的一般规律而言,激情是感情激烈爆发的异常状态而非平常、正常、经常的所谓常态。人可以一时处于激情状态,但不可能永远处于激情状态;在漫长的人生历程中,可以间或出现激情状态,而不可能时时处于激情状态。激情是对常情的一种补充,也是对常情的一种冲击或颠覆。激情的冲击力往往是很强大的,必须用很强的理智力才能加以约束和控制,否则容易越轨,直至酿成人生大错。这样的悲剧,无论是在文艺作品中还是现实生活中,都是很常见的。

　　在我们叙述过的几个人物中,弗朗西斯卡似乎处理得比较好。在她那里,激情冲决了闭塞的心灵闸门而又没有泛滥成灾。当她与罗伯特疯狂地爱了四天之后,罗伯特提出要带她走,但她为了丈夫为了孩子即为了责任,终于没有走,她牺牲了感情保住了家庭。但也因此注定了三个人几十年间刻骨铭心的痛苦:她与罗伯特之间的思恋之苦,她丈夫感觉出来后的嫉妒和歉疚之苦。至于爱玛就不用说了,她的激情完全失去控制因而付出了生命的代价。即

三 金丝笼

使如精神修养很高自制力很强的尹初石和王一,激情冲击的结果也让他们始料不及:尹初石的激情之源——情人小乔因受不了情感折磨之苦准备自杀,后因误会在激怒之中死于车祸;王一呢,面对情人、孩子、丈夫,无法选择,受尽心灵撕裂的折磨;尹初石被人痛打一顿几乎丧命,后来因无颜面对妻子和孩子,只得放逐自己,独自出走。不仅如此,他们的情变还不可避免地造成了灾难冲击波:小乔的父亲受不了女儿之死的打击,一气之下中风去世;他们的女儿小约因受不了父母离婚的打击,小小年纪发誓要去当尼姑;痴爱王一的那个老外,看着无法抉择的王一,只得黯然离去。伤害造成了多米诺骨牌的连锁效应。

人啊,情感生活过于平淡、静如止水会感到空虚沉闷,了无趣味,因而"渴望激情"。

"激情"让人沉醉让人幸福,但其盲目的力量往往难以控制,因而容易造成对自身对别人的伤害,引发始料不及的后果,也挺可怕。于是想到还是回归平凡平淡的好,有道是"平平淡淡才是真"。这就形成一个怪圈:平淡——激情——平淡,像狗咬着自己的尾巴一样绕圈转。这就是说,平淡之美不是平淡中的人体会出来的,而是被激情冲击得晕头转向的人体会出来的;反过来也一样,激情之美也不是被激情冲得晕头转向的人体会出来的,而是生活平淡乏味的人看出来的。看来这又是一个人类生存的"围城"。有没有走出这一"围城"的途径,既享受激情的欢愉又不致让激情摧毁了生活,这恐怕是人类需要在生活实践中不断探索的问题。

## (五)"成功"的围城

人人都向往成功,渴望成功,然而成功之后又怎样呢?让我们来观察一个现实个案——作家路遥成功后的故事。

路遥出身寒微,但胸襟阔大,志存高远,意志坚强。他向往成功,渴望成功。他说:"我几十年在饥寒、失误、挫折和自我折磨的

不惑之惑

漫长历程中,苦苦追寻一种目标,任何有限度的成功对我至关重要。"所以他默默地顽强奋斗,为成功付出了超人的努力。终于,他的努力有了回报。他于20世纪80年代接连两届获全国优秀中篇小说奖,《人生》小说和电影都产生了巨大反响,一时间他成了名人。成名带来了名人效应:

> 小说《人生》发表之后,我的生活完全乱了套。无数的信件从全国四面八方蜂拥而来,来信的内容五花八门。除了谈论阅读小说后的感想和种种生活问题文学问题,许多人还把我当成了掌握人生奥秘的"导师",纷纷向我求救:"人应该怎样生活",叫我哭笑不得。更有一些遭受挫折的失意青年,规定我必须赶在几月几日前写信开导他们,否则就要死给我看。与此同时,陌生的登门拜访者接踵而来,要和我讨论或"切磋"各种问题,一些熟人也免不了忙中添乱。刊物约稿,许多剧团电视台电影制片厂要改编作品,电报电话接连不断,常常半夜三更把我从被窝里惊醒。一年后,电影上映,全国舆论愈加沸腾,我感到自己完全被淹没了。另外,我已经成了"名人",亲戚朋友纷纷上门,不是要钱,就是让我说情安排他们子女的工作,似乎我不仅腰缠万贯,而且有权有势,无所不能。更有甚者,一些当时分文不带而周游列国的文学浪人,衣衫褴褛,却带着一脸破败的傲气庄严地上门来让我为他们开路费,以资助他们神圣的嗜好。这无异于趁火打劫。[①]

成功给路遥带来了他想要的热烈、辉煌、荣耀,所到之处,迎接他的是鲜花和掌声,他高兴了,满足了,他沉浸于成功的喜悦之中,充分享受着成功的快乐。他说:"我为自己牛马般的劳动得到了某种回报而感到人生的温馨。我不拒绝鲜花和红地毯。"但是,很明显,正如上面所述,"成功"的喧嚣也带给他无边的痛苦和烦恼。他

---

[①] 路遥:《路遥文集》,陕西人民出版社,第219页,1997

## 三 金丝笼

说,也许当时好多人羡慕我的风光,但说实话,我恨不能地上裂出一条缝赶快钻进去。他清醒地意识到了成功带来的危机,他真诚地说,我绝不可能在这种过分戏剧化的生活中长期满足。他坚决地表示:"我不能这样生活了,我必须从自己编织的罗网中解脱出来。""有一点是肯定的,眼前这种红火热闹的广场式生活必须很快结束。"①

那么怎么办?路遥渴望重新投入一种沉重的生活,他认为只有在无比沉重的劳动中,人才活得更为充实。于是他选择了重新投入"牛马般的劳动",开始了更为艰难更为宏大的创作——《平凡的世界》。

路遥向往成功,渴望成功,然而当成功真正到来的时候,他发现成功带给他的不仅有他想要的东西,而且还有他不想要的东西,可见任何事都是有一利必有一弊,谁也无法专取其利而逃避其弊。利弊相互纠缠,当你对其弊烦不胜烦的时候,你只好逃避。这就是"成功"的围城:没有成功的人千方百计想成功,成功的人千方百计想躲避成功。

路遥的遭遇,应该不仅仅是个案,而是隐含着具有普遍意义的规律。熟悉历史、熟悉生活、熟悉文学艺术作品的人都会发现,类似的例子出现于各个时代、各个社会的各行各业,可以说太多太多了。也就是说,成功者的职业、时代、社会环境不同,但上述遭遇大致相同。成功者如果能意识到"成功"之弊而自觉地躲避,应该说还算理智和清醒。就像路遥,他成功地逃出了成功带给他的骚扰和围困,因而取得了更大的成绩,创造了更大的辉煌。然而也有相当一部分人,沉浸在成功的氛围里头脑发晕身子发软,从此一无所为,他们被"成功"的围城围死了,困在里面出不来,死在里面了。这样的例子不在少数,其中的经验和教训值得认真思考和汲取。

---

① 路遥:《路遥文集》,陕西人民出版社,第219页,1997

那么怎样走出成功的围城,或者说怎样化解成功之"弊"呢?这要因人因事而异,具体情况具体分析。

笔者认为,首先,成功者要积极反思什么叫成功、成功的涵义是什么。一般来说,世俗所谓的成功,无非是荣誉、金钱、地位之类,然而似乎还应该有其他涵义。著名哲学家周国平先生对成功做过不少反思和论述。他认为名声、地位和金钱意义上的成功当然也是好东西。世上有人淡泊于名利,但没有人会愿意自己彻底穷困潦倒,成为实际生活中的失败者。这种意义上的成功可以让你摆脱小环境里琐屑的利益之争。但这类成功并不值得炫耀,因为它常常很大程度上依赖外界的环境和机遇,所以他说这样的成功不是衡量人生价值的最高标准。他认为比这类成功更重要的是,"一个人要拥有内在的丰富,有自己的真性情和真兴趣,有自己真正喜欢做的事。只要你有自己真正喜欢做的事,你就在任何情况下都会感到充实和踏实。那些仅仅追求外在成功的人实际上是没有自己真正喜欢做的事的,他们真正喜欢的只是名利,一旦在名利场上受挫,内在的空虚就暴露无遗。照我的理解,把自己真正喜欢做的事做好,尽量做得完美,让自己满意,这才是成功的真谛,如此感到的喜悦才是不掺杂功利考虑的纯粹的成功之喜悦。这个意义上的成功已经超越了社会的评价,而人生最珍贵的价值和最美好的享受恰恰就寓于这样的成功之中。"[1]周国平先生的这段话可以帮助那些沉醉于外在成功的人清醒下来,更多地注重自己的内在生活,不至于在所谓的成功面前迷失方向。

被周国平称为"自发哲学家"的当代著名作家史铁生,也有类似的看法。他在给他的小外甥的家信中谈到何谓"成功"时说:"只有内在的成功,才真正是'有意义'。何为内在的成功?我想,只要人确信自己是在努力地'好好活',不断地完善自己,就是内在的成

---

[1] 周国平:《智慧引领幸福》,山东人民出版社,第 101~102 页,2012

功。"他还借用佛家和道家的话希望外甥要"心无旁骛",即不受他人、他物,总之是一切外在因素的影响。"你只有靠内在的成功来确保意义,你只有在自己确认的意义中才能获取成功。"①周国平和史铁生的话都闪耀着思想和智慧的光芒。

其次,看淡所谓成功的意义和价值。任何意义上的成功,从终极角度看,都是渺小的,不值一谈的。但太多的人不理解这一道理,他们小有成绩、小有成就就沾沾自喜,自以为了不起,原因无他,皆因站得太低。他们所看到的就是自己脚下、自己周围那一小片,所以沙子可以被看成大山,小池可以视为汪洋。然而如果换一个角度,即终极角度、宇宙角度,大山无非沙子,汪洋无非小池。所以我们可以看到一个看似反常而实际上很正常的现象:越有大成就的人越谦逊——真诚真正的谦逊;而越是"半瓶子醋",越得意忘形。如何看待自己所谓的成功,是衡量一个人的精神境界、人生涵养的标尺。

再次,像路遥那样,迅速走出成功所带来的喧嚣,尽快投入下一个奋斗的历程。说到底,人生不过是一个从生到死的过程,其中任何一个所谓的成功都无非是过程中的界标。你如果到了一个界标就停滞不前了,那你的人生也就到此终结。肉体可能还活着,但精神已然死了。20世纪西方流行"过程哲学",过程哲学重过程而不重目的,重体验而不重占有,重精神价值而不重功利价值。因而,在过程哲学的指导下,人们永远走在积极奋斗、努力进取的路途上,永远充实而快乐。

---

① 史铁生:《昼信基督夜信佛》,北京十月文艺出版社,第143页,2012

不惑之惑

## 四　何堪耐
### ——荒诞人生

"何堪耐"一语,取自辜正坤先生翻译的莎士比亚的一首十四行诗。原诗如下:"不平事,何堪耐! 索不如悄然去泉台;/休说是天才,偏生作乞丐;/人道是草包,偏把金银戴;/说什么信与义,眼见无人睬;/道什么荣与辱,全是瞎安排;/童贞可怜遭虐待,/正义无端受阉埋;/跛腿权势,反弄残了擂台汉;/墨客骚人,官府门前口难开;/蠢驴儿自命博士驭群才;/真真话错唤作愚鲁痴呆;/善恶易位啊,恰如小人反受大人拜。/似这等不平何堪耐,不如一死化纤埃,/待去也,呀! 怎好让心上人独守空阶?"[①]

这首诗前十三句都在激昂慷慨地控诉社会的不公,以至于激愤得要以死抗争,可是后一句口气陡然变化:我要死了,我那位"心上人"可怎么办啊?! 端的是大师、端的是英国人啊,谈国事不忘家事,谈政治不忘爱情。本书对此妙诗不予置评,要取的是其中三个字作本节的标题。莎士比亚控诉的是"不平事",本节要谈的是"荒诞事","不平事"即"荒诞事",但后者的外延大于前者。人生荒诞事多矣,西方现代派文学中有一个"荒诞派"专门表现荒诞事。但西方的"荒诞"是艺术,而在中国,荒诞的常常是现实——现实的荒

---

① 飞白、辜正坤:《名作欣赏》精华读本:外国诗歌名作欣赏,北京大学出版社,2012

诞让西方艺术自愧弗如,难以望其项背。兹举几例以证之。

## (一) 说违心话做违心事

人生在世,处世做人,谁都不想说违心话做违心事,可是谁又能保证自己一生一世,任何时候在任何事上都能不说违心话不做违心事呢?这里且不说人格有缺陷的邪人、恶人说违心话做违心事,就是那些刚正不阿善良正直的人,在某些特殊情况下,有时也免不了说违心话做违心事。

辽宁省作家孙春平的中篇小说《真太阳》(载《中篇小说选刊》1999.2)中,就写了一个善良正直的好人不得不说违心话不得不办违心事的典型"案例"。

"我"(作品采用第一人称)在一家早已萧条冷落的纺织研究所里工作,妻子是一家工厂的会计,女儿为初三学生,聪明活泼,学习努力,成绩优秀。"我"和妻子一心想让女儿上市重点高中,因为重点高中高考的升学率在百分之九十左右,上了重点高中就等于一只脚跨进了大学校门。然而这又谈何容易! 全市一万多考生,重点高中招生名额只有 360 人,竞争之激烈可想而知。以女儿的实力,考上重点高中应该是没有问题的。但因为同学晕倒在考场上她帮助照料,受到监考老师无理指责心情不好,所以没能正常发挥水平,结果以 0.5 分之差而被一刀切在重点高中录取分数线外。0.5 分,差以毫厘,真是命运的残忍捉弄,让人遗憾得心中直发疼。

"我"和妻子不甘心,又是查分又是联系复读又是争取上"议价生",均告失败。万般无奈认倒霉之际,女儿好朋友的父亲了解情况后愿助一臂之力。他说每年在向社会公布的正式指标之外都有增补(机动指标),你女儿分数紧贴录取线,争取一下或者有可能。"我"当然高兴。经他介绍认识了市教委办公室主任安某。经安某的运作,市教委招生办公室一伙人答应与"我""聚一聚",地点安排在本市最豪华的娱乐城瑶池。"我"知道那地方专会摆谱宰人,心

## 不惑之惑

想宽绰富余点拿三千吧,妻子说"穷家富路",硬让拿了六千。

在瑶池,先是吃喝。山珍海味,飞禽走兽,一顿饭花去两千多。接下来进舞厅,搂搂抱抱晃晃悠悠,一阵风花去上千元。然后,安主任催"我"快去桑拿部订包间,而且要四百元一位的。"我"心里当然老大不情愿,但"我"不敢得罪这帮掌握着女儿命运的大老爷们啊!所以不情愿归不情愿,还是赶紧跑到桑拿部交了款。众人一个个赤裸裸地进入热气腾腾的雾世界,"我"的心悬悬浮浮越发难以平衡。众人剥去衣衫,黑的如泥鳅,白的似褪了毛的肥猪,胖的像蝈蝈,瘦的似螳螂。"都是两条腿支着一个肚子的人,哪里就比我强过半分,凭什么要我用自己辛辛苦苦的血汗钱供他们享乐?心里咬牙切齿地恨骂,脸上却还要强作嘻哈,奉承着言不由衷的谈笑,自己都替自己害臊,愧骂自己趋炎巴结缺少作为男人的骨气,即使搓澡员搓去了满身泥污,又怎能再有我心中那片平静清宁的世界?"心里骂归骂,面上应酬归应酬。搓过澡,众人又一个个进入小包间。因怕众人不愉快,安主任无论逼"我"干什么"我"都一样陪着。在小包间,小姐暗示什么都可以做。"这种暗示已将我心中最后的那点疑惑窗户纸般彻底撕破,我明白了四百元一位的实质内容。我坐在那里,猜想着另几个房间的张主任、安主任和周吴郑王们此时此刻在让小姐做什么或自己在做什么,一股恶火直从心底翻卷喷涌上来。这帮乌龟畜生王八蛋!如果不是为了孩子,我非骂他们个狗血喷头不可,再鲁提辖似的抡起拳头,把他们打得三佛出世五窍生烟,一个个给我滚到大街上去!"然而"我"什么也没做,只能逃出包间去吸烟。一个多小时后,众人才陆续从包间里出来,招生办公室主任卖弄着猥亵下流的笑话,其余人跟着捧场。"我心里冷笑,暗骂,到了这里,一个个不是披了人皮为非作歹的妖魔鬼怪又是什么?呸,亏你想得出来,还觍着三锥子扎不出血的厚脸皮说呢!"

作为作品介绍,笔者自知篇幅似乎多了点,但我想让读者较为

## 四　何堪耐

详细地看一看"小人物"屈尊奉承一群他所恶心的人的全过程,看一看"小人物"的辛酸和无奈。谁想在"这帮乌龟畜生王八蛋"面前卑躬屈膝、用血汗钱伺候他们呢?但他没有办法,孩子的命运掌握在这些家伙们的手中,他有求于他们,他不得不低头,不得不违心。

这个"违心"是"自觉"的,也是被迫的;是"自愿"的,也是痛楚的。有谁能体会到这种痛楚的背后包含着多么巨大的心灵搏斗和多大的人格牺牲啊!对这种"违心",我们不知道该责备他还是不该责备他!《真太阳》讲的是家长为孩子上学的事而违心,那么在现实生活中,有更多的人在为其他的事而违心,总之,违心地说话和做事其实是社会日常生活中非常常见的一种现象和行为。

难道只有无权无势人微言轻的小人物才会说违心话做违心事吗?不一定。位尊权重甚至至高无上的大人物有时可能也不得不违心。

例如毛泽东,他的权威可谓登峰造极,无人可比,没有任何力量敢与他抗衡。应当说,他完全没必要也不应该有什么违心之举。但其实不然。"文革"初期林彪发表专讲政变的讲话,他听了以后"总感觉不安";对于林彪对他的肉麻吹捧,他也不以为然。但他没有公开阻止,没有公开批评,而是任其自然发展下去。毛泽东在1966年7月8日写给江青的信中说,关于林彪的讲话,中央催着要发,我准备同意发下去。他说:"不同意他们不行了。在重大问题上违心地同意别人,在我一生还是第一次。叫做不以人的意志为转移吧。"看来,即使是一代伟人,因种种复杂原因,有时也不得不"违心"一下。想想着实令人感叹。

连伟人毛泽东在没有办法的情况下,也不得不"违心",何况他人乎?如此看来,世界、世情、世态有时候真的是荒诞到巅了!人类怎么把自己弄到这一步了呢?什么时候能走出这一困境呢?

不惑之惑

### （二）为崇高而卑微

在这个题目下我想说的是,一个人目标崇高,动机伟大,但在肮脏龌龊的现实面前却无能为力,惨遭失败甚至灭亡,为了保住崇高的目标,为了正义、责任、使命的实现,不得不先向现实妥协。

表现这一人生荒诞处境的作品很多,这里我向各位介绍一部当下的优秀长篇小说《沧浪之水》,作者闫真,湖南人。《沧浪之水》的主人公池大为,父亲是性情耿直仗义执言被打成右派后下放乡间的老中医,一生将历代先贤如孔子、孟子、屈原、司马迁、陶渊明、李白、杜甫等作为自己的人生楷模,池大为深受其父影响。20 世纪 80 年代初,池大为北京中医学院研究生毕业后到某省卫生厅工作,开始很受厅长的器重,安排到办公室历练。他自己也满怀激情,决心要为天下为百姓贡献自己的力量。他坚持正义,对厅里不合理的事(如高价购买小汽车等)敢于直言,惹恼了厅长,被下放到中医学会坐冷板凳。转眼间六七年过去了,池大为结婚生子,一系列现实生活困境摆在眼前:首先是地位低下,被势利小人瞧不起,处处受侮辱受欺负。他妻子怀孕上班挤车困难想调动到近一点的医院工作,低三下四求爷爷告奶奶无论如何办不成;三代人挤住一间小房子,和岳母只隔一层布幔,让他别扭难受得无地自容;周围同事的儿子都能进省政府幼儿园而他的儿子进不去;儿子烧伤了,单位有车闲住也不让用,医院要预交两千元住院费,他暂时交不出硬是住不了院,而势利小人的一句话帮他办成了……诸如此类,让他受到极大刺激。

他陷入空前的精神痛苦之中,他开始反省自己的做人原则:① 在如此势利如此功利的社会环境下,自己还一味坚守心灵的纯洁,坚守人格和信仰,是不是迂腐？② 自己本来满腔热情想为天下苍生为社会做点好事,可身份如此卑微,怎么实现？③ 多年来作为精神支柱的良知、责任、使命,是坚持还是放弃？坚持,自己的一生

四 何堪耐

就无声无息灰飞烟灭,像一条小船沉入大海深处,被黑暗的时间永远淹没,牺牲得毫无价值;放弃,放弃良知和使命那生命还有什么价值和意义?他说,我不怕牺牲,但我害怕牺牲得毫无意义;人不能骗自己但又不能不骗自己;骗自己太残忍了,可不骗自己也太残忍了。人生短暂,转眼间一生就过去了,"这一辈子怎么办呢,人只有一辈子啊。"在剧烈的痛苦中他选择了屈服和妥协。从此后他开始违心地逢迎、拍马、出卖、讨好,无所不为,短短几年,他坐上了厅长的宝座,得到了他想得到的一切,并利用自己的权力力所能及地办了一些自己想办的事,部分地实现了为社会做点好事的心愿。但面对盘根错节的游戏规则和习惯势力,他无可奈何,力不从心。

《沧浪之水》发表之后获得了广泛好评,获得了多种奖项。这部小说反映了20世纪90年代乃至当下知识分子面临的精神困境和现实矛盾,即理想与现实的矛盾,精神信仰与现实功利的矛盾,崇高目的与龌龊手段的矛盾。也就是说,知识分子的特性为倾向理想主义,但理想主义不能解决现实问题,知识分子不能等到现实理想化之后再进入其中。那么怎么办?是坚持清高而一无所为呢,还是利用游戏规则掌握权力而有所为?游戏规则排斥清高,那么要达到崇高的目的就必须采用并不高尚的手段吗?这些问题尖锐地摆在每个读者面前,作者没有给出简单的结论,而是让读者思考。其实这些问题的解决要靠体制的改革和整个社会的进步。

为崇高而卑微,为正义而妥协,难道仅仅是改革开放之后处于转型期的中国独有的现象吗?当然不是。历史上好像从来如此。前些时间中央电视台"百家讲坛"中蒙曼讲《长恨歌》时提到盛唐初期著名宰相张说,心有大志而且特别有能力,想建功立业为国家出力,然而官职卑微力不从心,要想争取到一个能发挥自己力量实现理想的机会何其难也。这时他设计了一系列攀附权势人物的行为,最终如愿以偿当上了宰相,为唐朝的繁荣昌盛做出了自己卓越的贡献。另外,北京师范大学康震讲韩愈的时候也讲到韩愈在人微言轻的时候,为了能发挥更大的作用,也曾放下身段,卑躬屈膝地向达官贵人妥协过。最终也实现了自己的目标。

由此可见,为崇高而卑微(为正义而妥协)似乎是一个普遍的人生问题,不完全是某个时代某个社会的特殊问题。对于这一问题的全面分析不符合本书主旨,就此打住。

### (三) 君子斗不过小人

君子斗不过小人,或者换个说法——好人斗不过坏人,一听这题目就会感到很荒诞。因为按常理,应该是君子斗得过小人,好人斗得过坏人,可是让人感到困惑和无奈的事实是,君子常常斗不过小人,好人常常斗不过坏人。请注意我的提法,"常常斗不过",是"常常"而不是"永远",也不是"必然",只是说君子与小人斗,小人胜利的时候多,而君子胜利的时候少;小人胜利的概率大,而君子胜利的概率小。

如果要举例子,则整个人类历史、中国历史、文学艺术史以及现实生活中到处都是。这里我简单介绍一下苏东坡遭群小围攻陷害的故事。关于苏东坡的遭遇,余秋雨曾专门写过文章,题目叫《苏东坡突围》,突什么"围"?突小人围攻之围。

苏东坡首次遭受重大陷害是在王安石罢相、变法派势力削弱的时期。在变法运动中因投机钻营而上台的小人们感到地位岌岌可危,为了巩固自己的既得利益,他们千方百计打击可能影响他们地位的人。而苏东坡就是他们所认定的这样的人。为什么?有几个原因。一是苏东坡才华出众,声名远播四海,妇孺皆知;二是皇族包括皇帝和皇太后喜欢苏东坡的才华、性格和文章;三是苏东坡连续几年任地方官,政绩斐然,深得百姓拥戴,他随时都有可能被皇帝提拔担任要职。这些原因使得苏东坡引起了小人们的嫉妒和恐惧,下了必欲置之死地而后快的决心。

因为苏东坡深受皇帝赏识,因此要搞垮苏东坡首先得让皇帝

## 四　何堪耐

怀疑他、厌弃他。从哪儿下手呢？苏东坡为人正直,坦荡直率,没有毛病,怎么办？那就从他的坦荡直率下手！他生性放达,口没遮拦,从没有想过要掩饰自己内心的真实感受,说话总是语含讥讽,甚至对朝政也时有批评。他是诗人,喜欢舞文弄墨,总可以从中挑出点什么来吧！好,就从他的诗文下手。经过紧锣密鼓的策划,一个周密的围剿计划出笼了。他们采用的手段是,抓住苏东坡诗文中的某些字词句,断章取义,捕风捉影,无限上纲,抓住一点不及其余。群小轮番上阵攻击,其手段之卑劣,其用心之阴狠,令君子瞠目结舌,无法想象。终于他们成功了。在他们令人眼花缭乱的攻击中,在群犬吠日的叫嚣中,皇帝也半信半疑了,为了维护自己重视舆论的形象,稀里糊涂的皇帝稀里糊涂地下达命令,把苏东坡抓起来审问。

在监狱里,苏东坡遭到了严刑拷打,诗人无以应对,只能声嘶力竭地哀号。一位曾关在同一监狱与苏东坡牢房一墙之隔的官员目睹了这一惨状,他写道:"遥怜北户吴兴守,诟辱通宵不忍闻"。通宵侮辱、摧残到了其他犯人都听不下去的地步。严刑拷打刑讯逼供之下你承认也得承认,不承认也得承认,没有申辩的余地。于是,一桩冤案就此铸成。所幸的是,皇帝还怜惜苏东坡是个人才,没有杀头,"皇恩浩荡"地把苏东坡贬往偏远的黄州。

苏东坡的冤案是君子斗不过小人的典型案例。对于君子斗不过小人的现实,苏东坡其实是有清醒的认识的。他在为宋代宰相富弼撰写的碑文中(《富郑公(弼)神道碑》)引富弼之言说:"(公)常言:'君子小人如冰炭,决不可以同器,若兼收并用,则小人必胜'。""君子与小人并处,其势必不胜。"①那么,为什么君子斗不过小人,小人必胜呢？富弼的分析是,君子为道,小人为利,利之所在势在必得,所以疯狂而不顾一切,必胜而后已；其次是君子谦让而多所

---

① 苏轼:《苏轼全集》,中卷,上海古籍出版社,第1107～1108页,2000

## 不惑之惑

顾忌,处处讲究君子之道,而小人则不择手段,从无顾忌,"我是流氓我怕谁",斗起来如疯狗,必欲置君子于死地而后快。富弼的分析应该说是准确的,古代屈原、苏东坡、岳飞等无数人的遭遇,莫不如此。

君子斗不过小人,古代如此,现代也如此——如果嫌结论过于绝对的话,那么最起码是有的地方有些时候如此。张平的长篇小说《国家干部》(作家出版社,2004)的中心情节差不多就是一个"君子斗不过小人"的故事。

嶝江市委副书记、常务副市长夏中民,是一个典型的焦裕禄、孔繁森式的好干部,任职八年来他一心扑在工作上,赢得广大干部群众的信任和拥护。曾连续三年被上级市委推荐为市长候选人;连续四次被推举为优秀基层青年领导干部;被评为全省"十佳杰出青年干部"。然而就是这样一个在群众中有口皆碑的好干部竟然在市党代会上落选,被逐出领导班子(作品结尾,在广大群众的强烈要求下,省委出面解决了嶝江的问题)。他的落选是地方势力、宗派势力组成的既得利益集团陷害的结果。这群小人丧心病狂,多年来结伙上蹿下跳告黑状,混淆视听,不顾一切造谣、诬蔑、攻击、陷害夏中民,千方百计要把他赶出嶝江。

夏中民之所以受陷害,群众总结的原因是三条:一是工作干得太多,政绩过于突出。二是正派、廉洁,给人以"鹤立鸡群"之感。三是全身心为老百姓办事,太受群众拥护。省委副书记、纪检委书记的总结也是三条:第一是好干部得罪的人多,特别是会得罪那些有问题的干部、腐败干部。这些人能量大得很,自然就会千方百计告你,骂你,攻击你,甚至公开站出来找你的问题。第二是好干部不会打击报复那些上访举报、状告自己的人。即使你诬陷了我,诽谤了我,那也一样可以容忍,可以不予理睬。第三是好干部根本没有时间顾及这些问题,好干部都是干实事的,整天忙得脚不沾地,顾不上自己的事情。

总之,君子斗不过小人可以说是一个古今皆然的问题,至于原因也大同小异,既有现实的、社会的,即政治的、制度方面的因素;又有人性的、心理方面的因素。所以要消除这种荒诞现象,既要从社会政治层面入手,也要从思想教育、提高人的精神素质方面入手。

### (四) 好人没有得到好报

好人,按常理(理念、理想),当然应该得到好报——积善因必有善果,好人一生平安。然而令人遗憾的是,生活中也常常有不按常理出牌的事,也就是说,好人没有得到好报的情况也很普遍。"应该"而"没有",这就是典型的荒诞,令人十分的愤慨和无奈。"好人没好报"这句话在日常语言中如此流行,说明这类现象是多么的普遍。

现实生活中的例子就不列举了,每人身边甚至自己身上都会发生这种事情。现在我给读者举一个文学作品中的典型例子加以讨论。

著名作家张平的长篇政治小说《国家干部》(作家出版社,2004)中的嶝江市委办公室副主任马韦谨是一个典型的好人。他不抽烟,不喝酒,不会跳舞,不会打牌摸麻将,从没摸过保龄球,从未洗过一次桑拿浴,从未进过一次洗脚屋,几乎没有任何不良嗜好。他对工作兢兢业业,认真负责,业务能力强。他从二十四岁大学毕业分配到市委写材料已经将近二十年。他写的材料和讲话稿全面稳妥,把握政策恰到好处,从不出差错。而且,他还任劳任怨,分内之外又为诸多领导和同事服务,不管谁让他帮助写材料他都从不推脱。马韦谨还自律甚严,从不利用自己的职务因自己的事给领导找麻烦,所以老婆是个工人,一直没有转干,早已处于半下岗状态,每月三分之一的工资半年也不一定能领到。他自己每月六百元工资必须给父母、岳父母各一百元,给孩子上学二百元,余下二百元支撑日常开销,日子过得紧紧巴巴,入不敷出。一家三口住三十多平方米的旧楼房多少年没有变。"所以囊中羞涩的马韦谨终日企盼的就是提工资,就是尽快能被提拔。然而让马韦谨怎么也抬不起头来、让妻子终日喋喋不休埋怨不尽的偏是这一点,马韦谨终日勤勤恳恳,兢兢业业,埋头苦干,任劳任怨,从科员到副科长再到科长几乎是十年一个台阶!越想着提拔,越是提拔不起来!平日里人人都夸他表扬他,领导们也人人都说他是个好干部,然而一到了提拔的时候,尽管他整日就在这些领导们身边,领导们每天仍然都念着他的稿子,看着他的材料,但几乎所有的领导好像都想不起他,所有的领导好像都忘记了他的存在!"①

好不容易逮住一个机会,办公室主任提拔了,他有希望上去了,而且市委副书记、常务副市长已经在全市人事大会上公开表扬了他,所有人都认为办公室主任的位子非他莫属了,人们都开始向他祝贺要他请客,他自己也感到终于熬出了头。这时,他被领导叫去谈话说这次提拔的不是他而是办公室另一个人齐晓昶,领导要求他正确理解和对待上级的安排,一定要配合好新主任的工作。他的渴盼又一次落空了。

那么新提拔的齐晓昶是什么人呢?此人刚刚三十出头,一没学历,二没军龄,三没任何本事特长,纯粹就是一个街头混混。后来不知怎么就去了街道办事处,因为嫖娼赌博,被留职察看。两年后不知什么原因被提升为某镇办公室主任,入党,再因涉嫌贪污、挪用公款和生活作风问题受到党内和行政记大过处分。再后来辗转在多个单位任职,每次都因胡作非为受处分。三十出头的齐晓昶有五套住房,两辆小车,三个情妇。总之,这家伙是个"头上长疮,脚底流脓,里里外外都坏透了的毛头小子,简直就是一个吃喝

---

① 张平:《国家干部》,作家出版社,第 16 页,2004

## 四 何堪耐

嫖赌抽,坑蒙拐骗偷,五毒俱全,无恶不作的流氓无赖!"[①]然而就是这个一不会写材料,二不会搞调查,三不会打电脑,连字也写得极差的流氓无赖,竟然几起几落,最终混成了嶂江市委办公室主任,成了老实能干的资深办公室副主任马韦谨的顶头上司。这样天理不容的事情让马韦谨怎么想得通?!不仅如此,马韦谨还受到了齐晓昶的威胁和羞辱,他终于忍无可忍撞火车自杀。

一个忠厚老实勤奋能干的党的好干部竟然栽在一个流氓无赖手里,什么原因呢?齐晓昶道出了其中的奥秘。在将要宣布齐晓昶任主任的头天晚上,齐晓昶找马韦谨喝酒,向马韦谨解释造成这一结果的原因。齐晓昶说,马韦谨下去他上去是必然的,因为马韦谨不明白领导的意图,而他则是领导得心应手的工具,忠顺的奴才。总结齐晓昶的话,他的成功原因主要有以下两点。

一是领导腐败需要他这种人帮助干坏事。关于这一点,齐晓昶自己解释得再清楚不过。他对马韦谨说:"这些年,为什么市委市政府有了什么大的活动和会议,都指定要我去负责?你知道办公室这几年那些大大小小的会议费、办公费、出差费、小车修理费、室内装潢费、办公用具费,还有各种各样的补助、补贴,名目繁多的开销、开支,七七八八、上上下下的打点、料理,都是怎样运作的?你以为领导签了字的都是干净的?我只问你一件事,你就知道你明白不明白,干得了干不了。你说说,那些市里的领导一年四季都住在最豪华的宾馆里,抽的是软中华,喝的是 XO,靓小姐搓澡洗脚、湘妹子按摩桑拿;老婆脸上抹的是资生堂,身上洒的是香奈儿;孩子开的是奔驰宝马,上的是名牌学校;这些领导的亲朋好友,七大姑八大姨,哪个不跟着吃香喝辣,多拿多占?还有省里市里那些大大小小的官僚,公检法司、工商税务、银行计委那些方方面面的要员,电台、电视台、报社、新华社那些神出鬼没的记者,包括那些

---

[①] 张平:《国家干部》,作家出版社,第41页,2004

不惑之惑

摆着架子的影星、歌星、作家、艺术家，就这么一个嵝江市，几乎天天在请客，时时得送礼，票子像嵝江的水一样哗哗地流，这一笔一笔的开支，一摞一摞的账单，你知道怎么走账，怎么结算？怎么变通处理，怎么应付审计检查？还有现金怎么走，资金怎么转，支票怎么用？不合理怎样让它合理，不合法又怎么让它合法？糊涂账怎么变得清清白白，腐败款怎么变得干干净净？马主任，这些你都知道吗？懂吗？就算你清楚，你明白，但你会干吗？敢干吗？你有那胆量吗？马主任，你不行，真的不行。你是个好人，所以这样的事情你干不了！你怕这种事情，这种事情更怕你！干这种事情的人绝对不会放心你，想都不会想着你！比方说，哪天哪个领导给你一张五万块钱的房屋装修费条子让你给报了，你报得了吗？又能到哪儿报去？这种事你干得了吗？第一你肯定干不了，第二你就是想干，人家也不会让你干。这就叫麻秆打狼两头怕，我呢，就叫破锣对破鼓，王八看绿豆。我真的是实话实说，这几年跟我打交道的几乎都是些坏人，也就是你们说的那种腐败分子，把我提到这个位置的也都是这些腐败分子。假如说我需要他们，那他们更需要我，他们要我干才会放心，才能安安稳稳地睡觉。所以你恨我，我不怪你，可你恨的不是地方，不是我占了你的位置，是他们非要我占你的位置。"①

二是腐败领导出了事他会为他们死扛着，以生命保他们过关。齐晓昶是这样说的："我的本事就是让他们离不开我，怎么着也得用我，而且用我用得放心，用得踏实。平时我能让他们吃喝玩乐，花天酒地，出了事我还能用命来死保他们，拼死也要让他们一个个顺利过关！我死保他们，那是我清楚他们肯定也会死保我。我最看不起的就是那些吃喝嫖赌啥也精，却长了一副软骨头的家伙！一有个风吹草动，就一把鼻涕一把泪把他这辈子干过的事全都招

---

① 张平：《国家干部》，作家出版社，第43页，2004

得一干二净,不只把他的祖宗卖了,连他的上司也一样卖了。你把你的上司卖了,那谁还敢来救你,谁又救得了你!你保住了你的上司,只要他没事了,他将来还能不把你弄得清清白白,干干净净?有了什么好事,他还会不想着念着你,还会不给你留一份?"①齐是这样说的,也是这样做的。他曾为死保领导进过公安局、检察院,受过铐子铐、绳子捆、警棍捅的罪,被整得三个月瘦了二十斤。领导没事,他也就没事,很快得到重用。

听了齐晓昶的解释大家感觉怎么样?看来坏人自有坏人的道理,正应了那句老话——"存在的都是合理的"——任何事物只要存在了总是有原因的。从齐的解释里我们可以得出这样几个结论。第一,好人不得好报,坏人得意猖狂,明显的原因是社会风气太坏了,社会为坏人提供了活动的环境。正如齐晓昶说的:"你(马韦谨)本来是个大好人,可如果你周围的人都是坏人,那你在坏人眼里还会是好人?反过来,我在你眼里是个坏人,可在周围这些人眼里那可就成了大好人。"②第二是制度层面上的干部选拔体制出问题了。齐背后是一个既得利益集团,他们沆瀣一气狼狈为奸,为了维护集团的私利,公然利用所谓的"组织程序"把齐晓昶这样的人提拔起来。第三,从深层次,即人性的层面讲,是领导内心深处的"恶"需要释放,需要实现,因而他们需要小人、恶人为他们服务。这可以解释历朝历代皇帝(以及任何层级的领导)身边总少不了小人、坏人、恶人,因为他们臭味相投。皇帝对正直的人总是敬而远之,而对小人、坏人恶人总是亲而近之。

只要掌握人的命运的人的人性深处恶还存在,好人不得好报、坏人得意猖狂的荒诞事还会继续发生。所以这不仅仅是个社会问题,更是一个值得深思的人生、人性问题。

---

① 张平:《国家干部》,作家出版社,第45~46页,2004
② 张平:《国家干部》,作家出版社,第42页,2004

## （五）渴望真实又害怕真实

在史铁生的小说和散文中，不止一次谈到人们内心深处的一种强烈冲动——渴望真实，即渴望人与人之间赤诚相见，活得真实自然：真实地袒露自己，毫无顾忌；真实地看见别人，毫无欺瞒。

例如中篇小说《礼拜日》中，写一对男女因为参与调解一对夫妻之间的矛盾（他们二人分别是这对夫妻的朋友）互相认识了，开始交往了，二人越谈越投机，越谈越交心。有一次，女的说人与人之间要是能想说什么就说什么就好了；男的也说，就是，如果能百分之百怎么想就怎么说就好了。那么，"百分之百"是什么意思呢？通过他们的对话我们知道，所谓百分之百是指内心深处挺糟糕的念头，内心深处丑恶的想法，有失尊严的事，一闪念的罪恶心理，甚至包括心里的一些阴暗的东西，胡说八道的东西，骂人的东西，等等。

以上男女二人的对话真诚而坦率，表达了渴望真实渴望本真的强烈愿望，他们希望卸掉一切面具，拆除一切设防，按自己最本真的面目生活。当然，这里仅仅只是表达了内心的一种欲望，还没有把它付诸行动。在另一篇小说《一个谜语的几种简单的猜法》里，史铁生让这种欲望付诸实践了。情境是这样的：一个男的老想找人随便谈谈，想将内心真实尽情向人倾诉，但却不敢向身边任何人说。于是他异想天开地通过打公用电话找到一个偶然路过而接电话的女人。这女的对他的想法表示理解，于是两人相约每天在同一时间通电话。他们谈天谈地谈猫谈狗谈钱谈性谈拉屎谈撒尿谈放屁，总之是乱七八糟，无所不谈。两个人比着说自己内心深处平时压抑着不敢说的话，比着袒露自己平时不敢承认的丑恶行为，男的说"我大概是个灵魂肮脏的人"。女的问为什么？男的便给她举一些实例，讲他当着人是怎样说，背着人是怎样想，讲他所做过的一切事情，讲他所有的一切念头，讲他白天的行为，也讲他黑夜

## 四　何堪耐

的梦境,直讲到口干舌燥气喘吁吁,直讲到他自己也很难不承认自己是个臭流氓……

然后怎么样呢? 然后"他"害怕了。"他"为自己的"丑恶"感到了羞耻,感到要被人鄙视,所以害怕了。"他"感到"类似这样的害怕是最可怕的事。"在这里,史铁生把人们渴望真实又害怕真实的心灵秘密揭示得淋漓尽致,毫无遮拦。

渴望真实又害怕真实的心理,不但是史铁生的发现,也是其他作家的发现。山东作家刘玉堂有一篇小说《你无法真实》,讲的也是这一发现。

小说写一群作家在笔会即将结束时,对于会上竟没有一个女的参加感到特别遗憾和乏味,因而情绪烦闷,百无聊赖。晚上,酒足饭饱进入微醺之际,他们相约玩一种精神游戏,来一次"精神会餐"。具体玩法是:每人讲一个故事,要求有三点——自己办的,真实的,让人恶心的。于是,ABCD 四个人轮流讲了自己的丑事,越丑越受欢迎。在那种特讲"真实"的氛围里,似乎越恶心的事越值得炫耀越让人开心,讲得不够恶心的还感到难为情。然而,酒劲儿过去之后,他们对于刚刚讲的恶心事后悔了,害怕了,一个个比着声明自己讲的是假的,是胡乱编着玩的,要求别人千万别相信。

ABCD 这伙人在酒酣耳热之际心不设防,一个个将真实的自我赤裸裸地袒露出来,此时的他们兴奋、愉快,简直是心驰神摇,陶然沉醉,他们渴望的"真实"呈现了。但是一旦清醒,他们又不敢面对自己的和别人的"真实",而是急于掩盖,急于否定,急于用一种惯常的面具将自己重新掩盖起来。他们彼此都知道自己的"声明"别人不会信,但又不由自主地这么做。他们全被一种更强大的无形的力量控制了。这种力量就是社会的文明、礼仪、道德、规范……这里揭示了人类的一种生存困境:一方面,作为个体的自然的人,想按本能欲求真实自然地生存;但另一方面,人作为社会的一员,又必须遵守必须的社会道德规范,必须符合公共生活所要求的文明原则。双方各有道理,而又尖锐对峙,二者形成强大的张力,人们就生活于这一强大的张力场中。自然的本能欲求遵循"快乐原则",要求真实地自由地生存,而社会文明则要求按"现实原则"和"至善原则"行事,要求给本能欲求这匹野马带上笼头,给它以控制与压抑。也就是说,对于"真实"(人的原欲)人们既渴望又害怕,既想放纵它又必须压抑它;"我不能成为我所是","我不能摆脱我所不愿是"。这是人类永远无法摆脱的生存困境,是人类生存状态的荒谬性。

## (六)善于演戏

若干年前,鲁迅先生在世时曾执着地揭露和批判中国国民性的弱点,在他所批判的国民性弱点中有一条是:演戏。他说中国人善于演戏,多是"做戏的虚无党"。做戏的人心里想的与实际做的是分裂的,什么保存国粹,什么振兴道德,什么整顿学风,心里可曾这么想?中国人有一句话叫"戏场小天地,天地大戏场",由此可以说,整个中国就是一个大戏场。

演戏,表演方式多种多样,其中很重要的一条是通过语言(即说话)表现出来。鲁迅说:"在中国有明说要做其实不做的,有明说不做其实是要做的,有明说做这样其实要做那样的,有明是自己要这么做倒说别人要这么做的,有一声不响其实是假的,也有的这么说就这么做的。"①这就是说,在善于做戏的人那里,想、说、做三者完全是分裂的,做戏时前面的表演与后台的面目是完全不一样的。当你听他说什么或看他做什么时,且不可当真,你一定要想一想其真实动机是什么。其真实动机往往隐藏在真真假假、虚虚实实、冠冕堂皇又扑朔迷离的语言游戏中。

若干年过去了,中国人善于演戏的习性依然如故。近来看王

---

① 鲁迅:《鲁迅全集》,第 5 卷,人民文学出版社,第 97 页,2005

## 四 何堪耐

跃文的中篇小说《夜郎西》,更加深了这一印象。

《夜郎西》写的是官场。下面,我从作品中摘取一些故事作为例子,请读者看看这些"戏"是怎么上演的。

主人公关隐达刚调到黎南县任县委副书记,主抓政法。有一个姓刘的港商到当地投资,县委周书记约关隐达一同出面应酬一下。路上,周书记说我们的投资环境是个问题,很多工作要公安来做,我专门请你出一下面,就是这个意思。关隐达马上表态说行,然后又说投资环境是个综合因素,需从多方面下工夫,应该宣传在先,加强法制,综合治理。这本来是极为泛泛一般的常识性意见,官场上的套话,但是——

周书记马上肯定他的意见,你这个思路是对的。环境问题有个基本特点就是群众性。一出事就牵涉几十人上百人,法不责众,怎么办?抓不了那么多嘛!所以还是要强调宣传教育,强调综合治理。看来,我们的任何工作,都有一个方法问题啊。

> 周书记说话的时候,陈主任(县委办公室主任——引者注)便不断回头说是的是的。他这样说就一箭双雕,对两位领导的意见都表示了赞同。

> 听周书记那赞赏的口气,就像一下得到了一个锦囊妙计。关隐达就隐隐觉得周书记也许是个非常老到的人。投资环境需综合治理,这是谁都清楚的道理,他刚才也只是随口说说。可周书记却给予了高度评价,而且推而广之到一切工作。现在越是有经验的领导越是这样,可以把那些一加一等于二的简单道理翻来覆去讲,煞有介事,不厌其烦,绝不心虚。领导的讲话一定非常重要,下级的意见通常值得肯定。这是官场的一条重要游戏规则了。

关隐达为了尽快熟悉工作,接连听取公安局、检察院、法院、司法局等单位的汇报,多是程序化,并无多少新意。但他不论走到哪里,都显得兴致勃勃。到过这么多县,他也越来越老练了。当领导的,指望下级个个都听你的,都对你心服口服,只能是一种幻想。也不要以为走到哪里都是一片欢呼声,就以为你受到了绝对拥护。你必须清醒,有许多人是在演戏。但这出戏你不仅要主动配合好,还要善于导演。还只怕别人不同你演戏哩。你必须借助这种真真假假的场面,造成一种你振臂一呼应者云集的气氛。不然,你要是事事认真,今天批评这个人阳奉阴违,明天批评那个人不听招呼,到头来只会让人觉得你管不了人,缺乏领导才能。

上级领导每次到黎南视察,都会碰上一批批上访告状的人,弄得县委领导面子上很不好看。这次地委书记又要来视察,县委要求一定要做好防范工作,先把那些常年在城里游荡的乞丐集中到收容所养几天,等领导走了再放出来;再就是加强宾馆保卫,派人在领导下榻的宾馆全天值班,负责劝退上访的人,一定要给上级领导留下一个形势大好天下太平的印象。上级领导其实也知道下面的把戏,但嘴上不说破。

每到快过年的时候,县领导一班人都要去有关单位拜早年,象征性地带点慰问品,然后吃喝一顿,领个红包,然后打道回府。这种慰问的实质意义在哪里,大家都清楚,戏就这样正儿八经心照不宣地演下去。

关隐达向秘书小顾了解本县干部队伍的情况,小顾向他披露了真实内幕:黎南县很落后,外地干部不愿来,本地干部出不去。所以这些本地干部几十年积在一起,盘根错节,矛盾重重,积怨甚深。干部中分为不同的宗派、山头、圈子,还有裙带关系、拜把子弟兄,互相倾轧互相拆台,又互相勾结互相利用,乱成一团麻。关隐达心里清楚,这种情况各地不同程度都存在,但这只能放在心里,不能同任何领导去交换意见,场面上永远只能说我们的干部绝大多数都是好的和比较好的,或百分之九十五都是好的和比较好的。这样的话谁听了也不信,然而又永远这样说。上上下下左左右右过去现在都这样说,凭什么我不这么说!这是语言游戏、政治游

## 四 何堪耐

戏、官场惯例,拆穿了对谁都不好!

黎南县新一届县委、县政府领导格局上面定下来了:常务副县长王永坦任代县长,只等人大代表会上履行个法律程序了。但就在人大开会之前,王永坦的腐败问题暴露了,老百姓意见很大。县委预料会有麻烦,就专门安排王永坦在反腐败会议上亮相,作了一次重要讲话。县有线电视台在黎南新闻时间专题播出王永坦讲话的实况。王永坦平时讲话像是底气不足,可上台作报告水平却不错。谈到腐败问题,他显得很气愤,好像高血压都要发作了。

人民代表大会选举采用差额的办法,上边决定让王永坦当县长,为了保证他能被选上,另配了一名毫无竞争实力的候选人贺达贤。三岁小孩都明白,这人是用来做样子的,配他就是为了让他"差额"掉。代表们说,拿个二百五来愚弄人民代表,岂不是把人民代表也当二百五了?

好了,不必再罗列下去了,类似的故事随处可见,俯拾皆是。总之,仔细阅读作品,让人感到官场上的人与人之间时时都在演戏,处处都在演戏,人人都是演员,人人又都是看客。这种演戏,有时是自觉的有时是不自觉的,有时是主动的有时是无奈的。在他们那里,人人都在互相欺瞒,互相提防,互相算计。彼此之间有时能看破对方的伎俩,有时又看不破,一不小心误入了圈套,吃了亏又说不出口,只好认倒霉。既演戏又看戏,在戏中生存,人人都感到累而又必须演下去,否则就要被淘汰出局。这些人,论地位是高贵的,论处境是可怜的。在某种意义上,他们可以主宰别人的命运,但却无力主宰自己的命运,他们是戏剧的"创作者",也是戏剧的牺牲品。

西方现代派那里,有一个流派叫荒诞派。那里的荒诞在艺术里,而我们的荒诞在生活里。在艺术里,我们看出了荒诞;在生活里,我们反而看不出荒诞。也就是说,我们身处荒诞而不自知,我们已经视荒诞为正常,这就愈加荒诞!

不惑之惑

　　中国人,至少是某些中国人,什么时候才能走出戏剧化的人生,从而本真坦率轻松愉快地做人呢?!

## 五　吊诡局
### ——人生悖论

　　对人生问题,不,严格说是对一切问题,包括宇宙天地,自然社会,只要你抓着一个问题穷追不舍,层层掘进,一层层地往里想,想到问题的深处,最深处,往往会和一个东西照面,那就是:悖论。无论任何事物、任何问题的深层,其内在机制似乎都不是单纯的、一面的、透明的,而是复杂的、两面的(甚至是多面的)、混沌的;其包含的各种因素总是相互矛盾,相互冲突,相互否定,纠缠在一起,难解难分,而又相反相成,谁也离不了谁。这一思维奇观让人困惑,让人不安,也让人惊奇,让人兴奋。我们忽然似有所悟,很可能这才是事物的真相,是世界人生的本真存在。

　　上述感悟,最初是笔者本人对生活的一个小小发现,后来读史铁生和其他哲人的书,更坚信了这一看法。我发现在史铁生的作品中,随处可见悖论——他所发现所论述的人生悖论。我过去思考过的他几乎全都思考过,我没有思考过的他也思考过,因而在阅读过程中我感受到了极大的精神愉快。在他之前,我还没有发现过哪个作家能给我带来如此强烈的精神愉快。这使我想起余秋雨讲过的一段话。余秋雨说茫茫书海当中和你生命真正有关的只是一小角,你在寻找书读的时候,实际上是在寻找你自己,寻找自己的生命结构;当你读到使你激动使你震撼的书时,你一定是碰撞到了生命内层的某一种奥秘,你读这种书实际上是在读自己的一个镜像。我想,我对史铁生的阅读大概也属于这种情况吧!

史铁生思考过的人生问题很多,发现的悖论也很多。这里笔者以史铁生作品中的悖论为基础,讨论一些令人困惑的人生悖论。

## (一) 目的悖论——目的虽空但必须有

人生的意义是什么,这是史铁生残疾后思考的第一个问题,也是思考最久的问题。因为残疾的不幸让他不想活下去——"为什么一定要活着呢?这么难,这么苦,这么费劲儿,这么累,干吗还一定要活着?"这是自传性小说《山顶上的传说》主人公的心理,也是史铁生当时的心理。但他终于没有去死,而是决定活下去试试。活下去就要思考活下去的理由。由此出发,他一步步向深处开掘,结果,他发现了人生意义的悖论,也可以说是人生目的的悖论。

这一悖论的最早提出,是创作于1985年的短篇小说《命若琴弦》。老瞎子的师父传给他一张能治好眼睛的"药方",为了能吃上这副药,老瞎子紧张愉快地忙碌了一辈子,结果发现所谓"药方"原来是一张白纸,老瞎子的精神崩溃了。但后来的反省使他终于悟到一个道理:人的命就像手中的琴弦,必须用一个东西把心弦拉紧,才能弹奏出动听的人生乐章,这东西就是人生的目标。这一目标可能实现,也可能实现不了,即使实现不了,你只要为此而奋斗过了,你的人生也是有价值、有意义的。即"目的虽是虚设的,可非得有不行,不然琴弦怎么拉紧;拉不紧就弹不响"。

在小说《原罪》中,上述思想得到进一步发挥。主人公十叔高位截瘫躺在床上,连头也不能动一动,一躺就是几十年,而且没有任何治愈的希望。生存对于他及家人来说完全是一种灾难。这样活着还有什么意义呢!为了活出意义,他们心中必须有一个支柱:父亲的支柱是,辛劳终生,希望有一天治好儿子的病;十叔的支柱是,给孩子们讲一个个自己编织的神话(故事)。孩子们说他讲的故事不是真的,他说:"一个人总得信着一个神话,要不他就活不

## 五　吊诡局

成,他就完了"。他还说:"人信以为真的东西,其实都不过是一个神话;人看透了那都是神话,就不会再对什么信以为真了;可你活着你就得信一个什么东西是真的,你又得知道那不过是一个神话。"①《原罪》最后创造了一个富有象征意味的"意象"——美丽的肥皂泡。肥皂泡无论多大多美丽,最终都会破碎。知道它会破碎,十叔仍然专心而又兴奋地吹。

这就是史铁生所发现的人生意义的悖论:"人活着必要有一个最美的梦想"②,即必须设置一个美好的目的,这是人生的动力;但是任何人走到底都是一个死,任何目的到头来都不过是一个虚无("地球终要毁灭,那么,人的百般奋斗究竟意义何在?");目的虽空但必须有,而且还必须全身心投入其中。——就这样,虚无否定了目的,目的否定了虚无。

那么,怎样走出这一悖论呢?史铁生找到的出路是——过程。

史铁生说,人从虚无中来,又回到虚无中去,这中间"目的皆是虚空,人生只是一个实在的过程,在此过程中唯有实现精神的步步升华才是意义之所在"。③ 他认为,只有重视了过程,人才能更重视精神的实现与升华,而不致被名利情的占有欲(即目的)所痛苦,所捆束。精神升华纯然是一个无休止的过程,不指望在任何一个目的上停下来,因而不会怨天之不予地之不馈,因而不会在怨天尤人中让恨与泪拥塞住生命以致蝇营狗苟。当然,重视过程并不意味着不要目的,"目的虽空但必须设置,否则过程将通向何方呢?哪儿也不通向的过程又如何能成为过程呢?没有一个魂牵梦绕的目标,我们如何能激越不已满怀豪情地追求寻觅呢?无此追求寻觅,精神又靠什么获得辉煌的实现呢?如果我们不信目的为真,我

---

① 史铁生:《史铁生作品集》,第二卷,中国社会科学出版社,第281、282页,1995
② 史铁生:《史铁生作品集》,第二卷,中国社会科学出版社,第384页,1995
③ 史铁生:《史铁生作品集》,第二卷,中国社会科学出版社,第425页,1995

们就会无所希冀了至萎靡不振。如果我们不明白目的为空,到头来我们就难逃绝望,既不能以奋斗的过程为乐又不能在面对死亡时不惊不悔。这可真是两难了。也许我们必得兼而做到这两点。这让我想起了神话。在我们听一个神话或讲一个神话的时候,我们既知那是虚构,又全心沉入其中,随其哀乐而哀乐,伴其喜怒而喜怒,一概认真。"①

既知那是虚构,又全心沉入其中,这种境界史铁生称之为"游戏境界"。幼儿园孩子的游戏有两个最突出的特点。一是没有目的,只陶醉于游戏的过程,或说游戏的过程即是游戏的目的;二是极度认真地"假装",并极度认真地看待这"假装"。孩子们的游戏其实就是人生的一个象征,一个缩影,一个说明。当一个人长大了,有一天忽然悟透了人生原来也不过是一场游戏,也是无所谓目的,重点是享受这个过程,然后视过程为目的,仍极度认真地将自己投入其中,如醉如痴,这就是所谓的"游戏境界"。

总之,过程既消解了目的的坚执,也化解了目的的虚无。过程不是否定目的,只是不为目的而目的;过程不是不知道目的的虚无,而是从精神上超越了虚无。这就是说,过程涵纳了目的与虚无,又超越了目的与虚无,因而目的与虚无的悖论在过程中得到了有效的协调。

(二)命运悖论
——不知道命运是什么,才知道什么是命运

熟悉史铁生的读者都知道,命运问题是他最感兴趣、长久思考而又乐此不疲的一个大问题。思考的结果是,他认为人的命运由于受无限多因素的制约,说不清,看不透,神秘莫测,不可预知。在中篇小说《一个谜语的几种简单的猜法》中,史铁生将命运(或人

---

① 史铁生:《史铁生作品集》,第二卷,中国社会科学出版社,第 425~426 页,1995

生)视为一个谜,一个至今未能破解的谜。这个谜语有三个特点:1. 谜面一出,谜底即现。2. 已猜不破,无人可为其破。3. 一俟猜破,必恍然知其未破。这就是说,命运之谜其实是一个悖论:谜底就是没有谜底,没有谜底就是谜底;"猜不破"就是猜破了,猜破了才知其"猜不破"。

在《务虚笔记》中,史铁生用更精辟的语言将命运悖论概括为这样一句话:"不知道命运是什么,才知道什么是命运"。①

为什么命运会成为一个亘古之谜,成为一个悖论,原因既复杂又不复杂。那就是,每个人都生存在一个巨大的无限复杂的宇宙、自然、社会、人际网络上,个人只是这个网络上的一个小小的"结"。巨大的网络是由无限多的因素构成的,网络上无限多的因素又是随时都在变动的,网络的随时变动无疑会影响人的命运。变动中的网络你看不清它有多少因素、多少关系,也看不清这些因素、这些关系到底是怎样联系怎样发生作用的。作为个人,你绝不可能勘破这所有因素,更不能驾驭、掌控这些因素。在这些因素中,人自己能掌控的只是一小部分,而更多的因素无法掌控,所以你对命运的发生常常感到莫明其妙,神秘莫测。"神秘莫测"的背后是"无限",是"变动",而绝不是神的操纵。也就是说,对命运感到莫明其妙、神秘莫测才是正常,才算是看到了命运的真相,于是就有了命运的悖论——不知道命运是什么,才知道什么是命运。

关于命运形成的机制,本丛书《人本困境》中将作详细分析,此处不赘。

## (三)佛法悖论——烦恼即菩提

在《中篇1或短篇4·众生》中,史铁生拿《心我论》上的一个故事借题发挥,传达了对佛法其实也是对人生的一种领悟。

---

① 史铁生:《务虚笔记》,上海文艺出版社,第405页,1996

不惑之惑

　　故事说,聪明过人无所不能的特鲁尔驾着飞船在空中飞行,看到一个被赶下台的国王在一个荒芜的星球上痛苦万分,国王请他帮忙恢复王位。他变戏法一样创造了一个装在盒子里的微型王国。一个正常王国中该有的一切在这里应有尽有,满足了这位国王的独裁欲望。特鲁尔十分自豪,但却遭到朋友的责难,说他解除了一个人的痛苦,却让亿万国民陷入痛苦。那么怎样才能解除所有人的痛苦呢?办法有,那就是向盒子里输入佛法。佛法是佛祖所觉悟的真理,是世界上最为圆满的真理,只要把佛法输入盒子里,众生皈依佛法,了悟缘起,断绝无名烦恼,众生就可以内心清静,解除一切痛苦,进入极乐世界了。于是向盒子里输入佛法。不过,结果却出乎意料,盒子里众生接受佛法后呆若木鸡,一动不动,一片死气。

　　为什么呢?因为佛法消除了一切欲望,众生心如止水,没有了追求和奋斗,也没有了痛苦和欢乐。所有的人都已成佛,盒子里没有了恶事,佛祖还去度谁呢?没有恶事,如何去行善事呢?也就是说假恶丑不存在了,真善美也就显不出而且不必要了。"盒子里的正值与负值、真值与假值、善值与恶值、美值与丑值——总之一切数值都正在趋近零,一切矛盾都正在化解,一切差别都正在消失。"①

　　那么,有什么办法拯救这个濒临死寂的世界呢?办法是重新输入差别,输入欲望,输入烦恼,有了差别、欲望和烦恼,才能激起追求,激发奋斗,才有欢乐,才能形成生命的张力,世界才能重新焕发生机。

　　如此看来,人生中暗含了一个悖论:烦恼即菩提。没有了烦恼,何来的"菩提"?!佛祖所追求的完满其实不完满,而不完满其

---

① 史铁生:《史铁生作品集》,第三卷,中国社会科学出版社,第78页,1995

实是完满。"唯有自然才是真正的完美"。①

那么,既然如此,人们就应该安于烦恼,安于残缺,安于不完美吗? 当然不是。经过穷追不舍的深入思考,史铁生对佛法有了新的想法。他认为,佛家的所谓"成佛"、"正果"、"极乐世界"、"西方净土",并不是一个固定的处所,一旦达到即可永享福乐,脱离烦恼。"佛的本意是悟,是修,是行,是灵魂的拯救,因而'佛'应该是一个动词,是过程而不是终点。""修行或拯救,在时空中和心魂里都没有终点,想必这才是'灭执'的根本。"②

史铁生对佛的这一认识,应该说是对佛教精神实质的新的发现,新的理解。在通常的理解中,进入佛家就是修行,修行是为了成正果,成正果即断灭一切"我执",放下一切烦恼,进入极乐天国。而史铁生则认为这一"目的"(或曰理想)是永远达不到、根本不存在的。不过,虽然它不是一个可以以距离测量的具体地点,不可能成为现实的存在,但是它仍然不失为一个理想中的目标。理想从来都不是为了实现,只是作为目标吸引芸芸众生去追求,从而引出一个个美丽动人的人生过程。史铁生认为,佛家所谓的"彼岸、普度、宏愿、拯救,都是动词,都是永无止境的过程。而过程,意味着差别、矛盾、运动和困苦的永远相伴,意味着普度的不可完成。既然如此,佛的'普度众生'以及地藏菩萨的大愿("地狱不空,誓不成佛"——引者注)岂不是一句空话了? 不见得。理想,恰在行的过程中才可能是一句真话,行而没有止境才更见其是一句真话,永远行便永远能进入彼岸且不弃此岸。"③

就这样,史铁生又以"过程哲学"(即对佛法的新理解),将佛教传统的成佛观引出了悖论的怪圈,让佛法走出了两难困境。

---

① 史铁生:《史铁生作品集》,第三卷,中国社会科学出版社,第80页,1995
② 史铁生:《好运设计》,春风文艺出版社,第312页,1995
③ 史铁生:《好运设计》,春风文艺出版社,第315页,1995

### （四）上帝悖论——全能的上帝不全能

在基督教义中，上帝是全能的，他想要办到什么就立刻办到了什么，因而他创造了世界上的一切，但却独独不能做梦。因为梦代表理想和愿望，人们只是在愿望没能达到或不能达到时才有梦可做，而上帝全能，他想什么就有什么，所以无梦可做。

不过上帝他知道，要想成为名副其实的全能的上帝，他就必须也能做梦。做什么梦呢？上帝他知道，既然他唯一不能的是做梦，那么，他唯一可能做的梦就是梦见自己在做梦了。

可他要是能做梦了，他还会去做做梦的梦吗？要是他还不能做梦，他又怎么能梦见自己在做梦呢？就算这样的问题不难解决，但是上帝他知道，接下来的问题对他来说几乎是致命的：那个梦中梦又是梦见的什么呢？不能总是他梦见他梦见他梦见他梦见……吧？那样他岂不是等于还是不能做梦吗？上帝他知道，他最终必须要梦见一个非梦他才能真正做成一个梦，从而成为名副其实的全能的上帝。然而，一旦一个真实的事物成了他的梦，可怜的上帝他知道，那时他必定就不再是那个想办到什么就立刻办到了什么的全能的上帝了。就这样，上帝陷入了悖论之中。①

无梦的日子最难熬，无梦令他寂寞、无聊、孤苦，使他无法幻想，无从猜测，弄不清自己的愿望，差不多就要丧失掉创造的激情和身心的活力了。他神容憔悴，萎靡不振，像一个长久的失眠症患者。他心里明白，如果没有梦的诱惑，无尽无休的日子便意味着无与伦比的苦闷。他决心打破这无休止的沉闷，试图唤起一点创造的激情。这样他才想到，他虽不能做梦，但除做梦之外他是全能的；他不能从梦中见到真实，但他可以在真实中创造梦的效果，他自己不能做梦，但他可以令万物入梦，这样他就能参与一个如梦的

---

① 史铁生：《史铁生作品集》，第二卷，中国社会科学出版社，第 356 页，1995

游戏了。他悠闲地坐在一边观赏这一游戏,这对于自己的不能做梦是一个心理补偿,尽管他不能做梦也一样有了梦的痴迷与欢乐。

上帝为这个如梦的游戏起的名字是:人间戏剧。基本构思是,让其中的每个角色都充满欲望,有欲望就有追求,有奋斗,有行动,这样人间就开始热闹,开始有戏可看;但又不能让他们轻易实现了欲望,尤其不能让他们全能(全能就和自己一样了),一定要对他们实现欲望的能力有所限制。也就是说,一定要把一个永恒的距离布置在这些角色的欲望和能力之间,这样就永远有戏可看。在这里,上帝借助于观赏人间戏剧,借助于心理体验,走出了他的悖论。

借助于"上帝的悖论",史铁生揭示了纷繁复杂的社会现象的内在秘密,揭示了亘古至今人类生活的动力和真相。

### (五) 欲望悖论——既是欢乐之源也是痛苦之源

有了欲望,人们就开始追求,开始创造,舍生忘死,不折不挠,于是有了精彩纷呈、喧嚣热闹的人间戏剧,有了万花筒一般变化万千的社会现象。看来,欲望功德无量。但是,欲望作为欲望,其本性绝不是满足现状,安分守己的,而是永无止境,贪婪无比的。因此,追求到手,笑逐颜开;追求不到,痛苦不堪,不满足就生非分之想。那么,人应该保留欲望呢,还是应该灭断欲望?不要欲望,鸟不叫云不飞,风不动心不摇,恶行灭尽善念不生,没有欲望则万事难行,甚至宇宙也不再膨胀世界进入死寂。看来,还是得大大方方地保留欲望。

可是,欲望不见得是一种甘于保留的东西,它还想无止境地扩展。于是罪恶丛生,苦海无边。那么,最好是保留欲望同时又限制欲望。这当然好。不过,限制的边界划到哪儿,划到什么地方,什么时间?欲望该到什么地方停下,什么时候截止呢?还有,截止以后又干吗呢?

这一切没有人知道,没有人说得清。几千年来,以人类的智慧应该早就把这些道理想透了,但仍于事(行为)无补,依然徘徊于留欲与灭欲之间。人们终于明白了一个道理:"欲望"本身包含了一个悖论——既是人类的罪孽,又是人类的福祉;既是欢乐之源,也是痛苦之源;既是创造之源,也是罪恶之源。

### (六)幸福悖论——感受幸福必须以不幸为前提

世人都希望自己交好运,那么怎样才是好运呢?一般认为好运是聪明、漂亮、有权、有势、有名、有利、一帆风顺、万事如意。但是,这一切因素相叠加就是幸福、就是好运吗?史铁生回答说,未必,相反倒可能是坏运。如不信,请看他在哲理散文《好运设计》中的分析。

《好运设计》的基本思路是,在幻想中"设计"一个绝对好运、绝对幸福的人(因为客观生活中不存在,所以必须在主观中设计),然后看他会遇上什么结果。

在"设计"中,史铁生让这个人出生于知识分子家庭。史铁生认为生在名门贵府,父亲是权贵大亨,从小备受宠爱,这其实并不好。一般说来,这样的境遇容易造就蠢材,不蠢的概率很小,有所作为的比例很低,有眼力的姑娘一般不往这种家庭嫁。当然生在穷乡僻壤也不好,因为会孤陋寡闻,不利于成才发展。而知识分子家庭既避免了富贵家庭可能对人性的戕害,又避免了孤陋寡闻备尝艰辛。在这里可以有一个健全、质朴的童年,可以享受现代文明的滋养,你的身体和灵魂都可能得到健康全面的成长。

然后呢?然后再让你聪明、漂亮、身体健康,多才多艺,成绩优秀,各种奖联翩而至让你应接不暇,你幸运得让人嫉妒,你是世界上最幸福的人。接下来你到了恋爱的季节。你在一所名牌大学读书,读最令人仰慕的系最令人敬畏的专业。你出类拔萃,耀眼如明星,所以明显追求你的和不动声色地爱慕你的姑娘成群结队,然而你全不在意,你善意而巧妙地避开她们。终于你遇上一个完美无

## 五 吊诡局

缺的女孩子,一来二往你们成了好朋友,最后终成眷属。总之你没有一样不幸运,你正如人们所向往的:万事如意。

然而问题出来了。这样一顺百顺,一顺到底,能让你感到幸福吗?例如"你能在一场如此称心、如此顺利、如此圆满的爱情和婚姻中饱尝幸福吗?也就是说,没有挫折,没有坎坷,没有望眼欲穿的企盼,没有万死不悔的追求与等待,当成功到来之时,你会有感慨万千的喜悦吗?在成功到来之后,还会有刻骨铭心的幸福?或者,这喜悦能到什么程度?这幸福能被珍视多久?会不会因为顺利而冲淡其魅力?会不会因为圆满而阻塞了渴望,而限制了想象,而丧失了激情?"① 答案当然是:肯定会。因为地球如此方便如此称心地把月亮搂进了自己的怀中,没有了阴晴圆缺,没有了潮涨潮落,没有了距离便没有了路程,没有了斥力也就没有了引力,那是什么呢?很明白,那是死亡。也就是说,所谓好运,所谓幸福,显然不是一种客观程序,而完全是心灵的感受,是强烈的幸福感。没有痛苦和磨难就不能强烈地感受到幸福,那只是舒适和平庸,而不是好运和幸福。

那么该怎么办呢?看来为了使你感受到好运和幸福,就不能让你万事如意,一路坦途,风平浪静,那样只会让你麻木,让你的幸福贬值,所以必须给你加设一点必要的困难、坎坷、挫折,甚至是一些必要的痛苦和磨难。例如得一种大病之类,但日后必须好起来,必须苦尽甘来。而后又怎么样呢?日子长了幸福感又要老化、萎缩、枯竭、麻痹。没办法,只好不断地再加给你痛苦和磨难。

本来想让你幸福,结果却必须不断给你加设痛苦。事情怎么会这样呢?事情就是这样,本来就是这样。幸福感本来就是以痛苦为背景、为参照的,没有了痛苦怎么能体会到幸福呢!看来幸福中包含着一个悖论:一味的幸福不是幸福,永远的好运等于坏运。

---

① 史铁生:《史铁生作品集》,第三卷,中国社会科学出版社,第 191~192 页,1995

也就是说,痛苦和磨难是获得幸福必不可少的因素。世界上没有绝对的好运,因而你压根儿不要奢望什么绝对的好运。有幸福有痛苦才是人生之常。

### (七)自我悖论
### ——我是我的印象的一部分,而我的全部印象才是我

我是谁,我是什么,我在哪儿,这些关于自我的反省,也是史铁生长期感兴趣的话题。思考的结果,史铁生发现,在"我"身上,存在着一个悖论:

我是我的印象的一部分

而我的全部印象才是我

什么意思呢?让我们听史铁生的解释。

史铁生说,在这里他没有用"记忆",而是用了"印象"。因为往日并不都停留在我的记忆里,但往日的喧嚣与骚动永远都在我的印象中。成为记忆,只是阶段性的僵死记录,而印象是对全部生命变动不居的理解和感悟。记忆只是大脑被动的存储,印象则是心灵仰望神秘时对记忆的激活、重组和创造。记忆可以丢失,但印象却可使丢失的生命重新显现。一个简单的例证是:我们会忘记一行诗句,但如果我们走进了那句诗的意境,我们就会丝毫不差地记起它。普鲁斯特在吃玛德莱小点心时,一瞬间看遍了自己的一生,就是借助印象完成的。

但是,印象中的往事是否真实呢?这也许需要问,真实的涵义到底指的是什么?接下来,史铁生对他所理解的"真实"作了详细的解释。

当一个人像我这样,坐在桌前,沉入往事,想在变幻不住的历史中寻找真实,要在纷纷纭纭的生命中看出些真实,真实便成为一个严重的问题。真实便随着你的追寻在你的面前破碎、分解、融化、重组,如烟如尘,如幻如梦。

## 五　吊诡局

　　我走在树林里，那两个孩子已经回家。整整那个秋天，整整那个秋天的每个夜晚，我都在那片树林里踽踽独行。一盏路灯和一盏路灯相距很远，一段段明亮与明亮之间是一段段黑暗与黑暗，我的影子时而在明亮中显现，时而在黑暗中隐没。凭空而来的风一浪一浪地掀动斑斓的落叶，如同掀动着生命给我的印象。我感觉自己就像是这空空的来风，只在脱落下和旋卷起斑斓的落叶之时，才能捕捉到自己的存在。

　　往事，或者故人，就像那落叶一样，在我生命的秋风里，从黑暗中飘转进明亮，从明亮中逃遁进黑暗。在明亮中的，我看见他们，在黑暗里的，我只有想象他们，依靠那些飘转进明亮中的去想象那些逃遁进黑暗里的。我无法看到黑暗里他们的真实，只能看到想象中他们的样子——随着我的想象他们飘转进另一种明亮。这另一种明亮，是不真实的么？当黑暗隐藏了某些落叶，你仍然能够想象它们，成为你的想象可以照亮黑暗可以照亮它们，但想象照亮的它们并不就是黑暗隐藏起的它们，可这是我所能得到的唯一的真实。即便是那些明亮中的，我看着它们，它们的真实又是什么呢？也只是我印象中的真实吧，或者说仅仅是我真实的印象。往事和故人，也是这样，无论他们飘转进明亮还是逃遁进黑暗，他们都只能在我的印象里成为真实。

　　真实并不在我的心灵之外，在我的心灵之外并没有一种叫作真实的东西原原本本地待在那儿。真实，有时候是一个传说甚至一个谣言，有时候是一种猜测，有时候是一片梦想，它们在心灵里鬼斧神工地雕铸我的印象。

　　而且，它们在雕铸我的印象时，顺便雕铸了我。否则我的真实又是什么呢，又能是什么呢？就是这些印象。这些印象的累积和编织,那便是我了。①

从史铁生的解释里,我们知道,第一句第一个字"我",是客观之我,而具有"印象"的我是主观之我,心灵之我。有思想有意识有情感的主我面对的对象,是整个一个世界,包括作为客体活动的我。也就是说,主我把客我作为把握、认识、体验的对象。客我经历的一切不可能原原本本地保留在主我的记忆中,只是留下了一些印象。这就是所谓的"我是我的印象的一部分"。仔细考察,这里大体包含两层意思:其一是,我的印象指向整个世界,而我(客我)只是其中的一部分;其二是,我(客我)所经历的只有一部分转化为我的印象。

而"我"(客我)又是谁呢?客我是生理、心理、精神的综合体,而就人的实质而言,更主要的是精神、心灵。一个人的全部经历以及由此激发出来的精神、心灵活动(包括所谓印象),才构建出一个完整的人。这就是悖论的下一句:我的全部印象才是我。

在一般人的意识里,主观与客观、主体与客体、人与世界,常常分得很彻底,理解得很机械,认为主观(主体)就是主观(主体),客观(客体)就是客观(客体),看不到客体其实是一个复杂的精神体(包括感觉、情绪、情感、欲望、幻想、记忆、印象等全部思想意识的综合),看不到自己其实也是自己的认识对象,看不到自己的主观精神世界并不全都是客观的直接反映。这样就完全不能理解人的精神世界、精神生活的全部复杂性。史铁生关于人的"自我"的悖论,颠覆了上述简单化的思维习惯,还原了人的精神世界、精神生活的真面目。

### (八) 爱情悖论——爱情以孤独为背景

史铁生在《爱情问题》一文的最后一节,提出爱情问题中包含

---

① 史铁生:《务虚笔记》,上海文艺出版社,第8~9页,1996

着一个悖论。悖论提出的背景是,他反复强调性是爱的语言或者仪式,上帝把性与爱联系起来,是为了给爱一个引导或一种理想,是为了让宇宙间保存一个美丽的理想和美丽的行动。接下来他提出了一个疑问:

可为什么,性,常常被认为是羞耻的呢?我想了好久好久,现在才有点明白:禁忌是自由的背景,如同分离是团聚的前提。

这是一个永恒的悖论。

这是一切"有"的性质,否则是"无"。

我们无法谈论"无",我们以"有"来谈论"无"。

我们无法谈论"死",我们以"生"来谈论"死"。

我们无法谈论"爱情",我们以"孤独"来谈论"爱情"。

一个永恒的悖论,就是一个永恒的距离,一个永恒孤独的现实。

永恒的距离,才能引导永恒的追寻。永恒孤独的现实,才能承载永恒爱情的理想。①

为什么爱情是以孤独为背景,为什么爱情与孤独之间是一个永恒的距离、永恒的悖论?史铁生说,许多事物不能孤立地谈,必须放在一定的背景、一定的前提下,在与其他事物的关联中来谈,才能理解和把握某一事物的意义。例如我们无法谈论"无",必须以"有"来谈论"无";我们无法谈论"死",必须以"生"来谈论"死";同理,我们无法谈论"爱情",必须以"孤独"来谈论"爱情"。这就是说,爱情是以孤独为背景,由于孤独才要求爱情;爱情是对孤独的超越,由于爱情的实现才摆脱了孤独。然而,孤独即人与人的隔膜,它是人类永恒的生存处境,是永在的生存围城,是人类永远也难以摆脱的宿命。所以,所谓沟通、所谓自由永远只是相对的,有

---

① 史铁生:《史铁生作品集》,第三卷,中国社会科学出版社,第313页,1995

不惑之惑

限制的,因而爱情也就成为人类永远追求的目标。孤独与爱情之间是一个永恒的距离,一个永恒的悖论。

"永恒的距离,才能引导永恒的追寻。永恒孤独的现实,才能承载永恒爱情的理想。"①爱情的悖论将人的精神生活置于一个永恒的张力场中:立足于孤独追寻着爱情,爱情超越着孤独,化解着孤独,而又永远不能彻底化解孤独,人类永远在这一张力场中游移。孤独永在,爱情永在。爱情是一种光,永远给人类照明;爱情是一种美好的心愿,永远给人以执着向前的动力。爱情不是一个现成的固定的存在,它是一种美好的理想,它永远在人类的前方和上方。

## (九) 历史悖论——历史是存在的又是不存在的

我们每个人都可能会有一种体验,即当他回忆往事时,能够清晰记得的大约只是经历过的几件事、几个场景、几个细节、几句话,其他的都湮没在前意识和潜意识之中了。前意识和潜意识中的往事,有一小部分还可能被唤醒,而大多数就可能永远沉入无底的深渊了。这就好比一座大山,当你登上高峰时,你只能比较清晰地看到几个云雾之上的山头,而其他全都隐匿于云雾之下了。这就是历史——个人的历史。个人的历史尚且如此,社会的历史呢?人类的历史呢?

在《务虚笔记》中,史铁生由个人的历史推及、反思到社会和人类的历史,说了这样一段话:

> 无论我们试图对谁的历史作一点儿探究,我们都必得就"历史"表明态度。我曾相信历史是不存在的,一切所谓历史都不过是现在对过去(后人对前人)的猜度,根据的是我们自己的处境。我不打算放弃这种理解,我是想把另一种理解调

---

① 史铁生:《我与地坛》,人民文学出版社,第344页,2011

和进来;历史又是存在的,如果我们生来就被规定了一种处境,如果你从虚无中醒来(无以计量的虚无)看见自己已被安置在一团纵纵横横编就的网中,你被编织在一个既定的网结上(看不出条条脉络的由来和去处,这是上帝即兴的编织),那就证明历史确凿存在。这两种针锋相对的理解互相不需要推翻。①

历史是存在的又是不存在的,这是史铁生所认识到的历史的悖论。所谓历史是存在的,是指历史的客观性而言。历史,是人类生活本身的发生、发展,是人类生活本身的过去时和现在进行时。其中既包括外在的可以观察的生活事件,也应该包括事件背后的动机,即发生在人的内部的心理活动。这些,时时刻刻都在发生着、运动着,是一种客观存在。从这种意义上说,历史当然是存在的。但是,这种发生、运动着的生活本身,是即生即灭,随时进行随时流逝的。它是一种自在的、无意识的存在。当人们有意识地捕捉它时,它已在不知不觉中飘逝了。能够进入人的意识层面的、被历史学家记录下来的只是其中一小部分,而且是经过记忆改造、经过历史学家观察理解过的部分。而这,已经不是"历史"的原形原貌、原汁原味了。而是被"主观化"了。可以说,任何被文字记录下来的历史都是这一意义上的历史,都是现代人的历史。从这一意义来看,史铁生说历史又是不存在的。

史铁生关于"历史的悖论"的论述,打破了传统的"凡是历史记载的都是确凿真实的"这种神话,让读者对于所谓历史,有了清醒、理性的认识。

### (十) 终极关怀悖论——有终极发问而无终极答案

史铁生在《获"庄重文文学奖"时的发言》一文中,曾说到某电

---

① 史铁生:《务虚笔记》,上海文艺出版社,第54~55页,1996

## 不惑之惑

视剧里有句台词:"实在没办法了,我就去当作家。"史铁生说,这句话让我过耳不忘,不因其对作家的调侃,而是因为其正确。为什么呢?因为作家之所以创作,不因为别的,正是因为要通过写作来思考那些亘古以来人类"实在没办法"的问题。比如痛苦不灭,比如战争不停,比如命运无常,比如欲望无限而能力有限,证明人类就常常处于"实在没办法"的地位。这时人们肯定会问:我们原本是想到哪儿去?我们压根儿为什么要活着?——这样的问题是穷人的问题,也是富人的问题,是古人的问题也是今人的问题,这样的问题比科学还悠久,比经济还长远。史铁生说,这样的发问即是文学的发源和方向。因为他认为文学的根,本来就应当是困境——人类的根本困境;大作家本来就是为人类寻找灵魂归宿的流浪汉。

但这样的发问,仍是实在没办法得到一个终极答案。否则这发问有一天就会停止,向哪儿去和为什么活的问题一旦消失,文学或者人学就要消失,或者沦为插科打诨式的一点笑闹技巧。

有终极发问,但无终极答案,这算什么事?史铁生说:"这可能算一个悖论:答案不在发问的终点,而在发问的过程之中,发问即是答案。因为,这发问的过程,能够使我们获得一种不同于以往的与世界的关系和对生命的态度。"[1]

有终极发问而无终极答案,或者说发问即是答案,答案就在问的本身、问的过程中。这一悖论(论断)深刻极了!它让我们对人生的终极问题有了一个全新的豁然开朗的理解。按照惯性思维,所有的问题都会有一个唯一的、最后的正确答案(结论),然而唯有人生问题,关乎人的生存的一系列根本问题,偏偏就没有唯一的、最后的结论。试想,我是谁,我们从哪儿来,又到哪儿去,我们为什么要活着,活着的意义到底是什么,什么是爱情,以及本文所述的所有悖论到底该怎么解决,诸如此类,谁能回答?答案是什么?没

---

[1] 史铁生:《史铁生作品集》,第三卷,中国社会科学出版社,第 395 页,1995

人能够回答,这些问题永远也不会像自然科学问题那样有一个最后的结论。那么,如此这般地问下去,岂不说明那些问题的虚无即无意义? 史铁生说不。他认为正因为没有最后结论,才让人永远永远的问下去。问的本身,对人的精神就是一种引导,这本身就是意义。永远问就永远在引导,永远有意义。而且,你只要问了,就意味着肯定有答案、有意义。因为如果你说"没有",那么"什么"没有呢,"没有"的是什么呢? "没有"里面包含一个"有",这个"有"就是答案。这本身就又是一个悖论。

史铁生的眼光敏锐极了! 他发现了终极关怀问题本身的悖论,发现了终极问题的意义。

### (十一)"完美"悖论——完美的不完美,不完美的完美

史铁生在他的小说《中篇1或短篇4》结尾中有一句话——"唯有自然才是真正的完美"。这句话富有深义,这是史铁生对宇宙本体,或者说对世界本质的基本认识。其大意是说,世界上没有我们通常所说的没有任何缺陷的完美,没有任何缺陷的完美是不存在的。因为,"没有任何缺陷",第一不可能,第二,退一万步说,如果有,就没有任何发展空间了,那就意味着僵死了,而僵死的事物肯定是不完美的。所以,不完美中有完美,完美中有不完美,而天下事,哪个不是这样的呢? 所以史铁生才说"唯有自然才是真正的完美"。

例如,上文我们谈过的欲望,常常被认为是痛苦之源乃至罪恶之源,那么,假如有上帝存在,他一怒之下把欲望从人性中全删除了,大大小小无论什么欲望全没有了,世界该是怎样呢? 很简单,人间一片死寂,什么生机、生意、生气全没有了,那还叫世界吗? 人们想要的难道是这样的世界? 肯定不是。世界上只有两种人没有欲望,一种是死人,一种是植物人,我们想要的世界肯定不能只是由这两种人构成。那么要恢复世界的生机该怎么办呢? 毫无疑问

### 不惑之惑

应当恢复人的欲望,结果还是现在这样的世界。如此看来,没有欲望的世界看起来完美,其实不完美,而真实世界的不完美其实正是完美。这就是——"唯有自然才是真正的完美"。

再如,世界上各种文化都追求平等,所谓大同世界(儒家),众生平等(佛教),四海之内皆兄弟(基督教)之类。为什么这样?因为这个世界不平等。不平等让人不能容忍,因为我们都是上帝的子民(基督教),都是阴阳二气所化(道家),都是爹娘生的(老百姓),凭什么不平等?! 所以迫切想改变它。然而,这个世界上什么时候有过真正的平等呢? 人一生下来,地域、出身、长相、智商等就不一样,这是先天的;后天呢? 人所面临的政治、经济、教育、就业环境不一样,所获得的机遇不一样,所以从来没有平等过。所以人类总是在为消除不平等而进行不懈的努力——先天的不平等无法改变,那么社会领域里的不平等通过人们的努力是可以改变的。但无论怎么改变,不平等仍然存在。因为,从哲学上看,平等是相对的,而不平等是绝对的。不平等上升到哲学上即差异,而差异是世界的真相,是世界的内在结构,是存在的秘密,没有了差异就没有了世界,没有差异的世界是不可想象的。所以,还是那句话——唯有自然才是真正的完美。

让我们举个例子来看看。世人都希望自己长得美(帅男,美女)好! 现在我是上帝,我开恩让世界上所有男人都成帅男,所有女人都成美女。男的不说了,就以女性说吧! 你说谁最漂亮呢? 你说谁最漂亮我就让你变成谁,达到你的最大满意。谁最漂亮不好说,因为百花争妍,各美其美,那么我们就以公认的杨贵妃为标准、为模特吧! 现在我一声令下,天下女人全变成杨贵妃了,满大街满世界游走着的女人全是杨贵妃,于是你找不到妈妈,找不到妻子,找不到女儿了,你说,这样的世界可以想象吗? 肯定是不可想象的。有道是天下没有两片绝对相同的树叶,没有两粒绝对相同的砂子,没有两张绝对相同的脸(即使孪生兄妹仔细看也不一样),

## 五 吊诡局

有差异才成世界,有差异才是世界的真相。换句话说,完美是在与不完美的比较中才成其为完美,没有差异的完美是单一、单调、千篇一律,这本身已不叫完美,所以还是那句话——唯有自然才是真正的完美。

史铁生作品中讨论的悖论还有很多,恕不一一列举。在作品中如此频繁地提出悖论,讨论悖论,这在中国当代文学史上是罕见的(更不用说古代)。悖论,几乎成为识别史铁生文体的一个不可忽视的特征了。

史铁生以自身经历为出发点,以人的存在困境为切入口,在人、人生、人的精神世界发现了诸多悖论。他的思考,加深了中国当代文学的思想(哲学)深度,提升了中国当代文学的精神品位。笔者认为,这可以视为史铁生对中国当代文学的一个独特贡献。

悖论也译为吊诡或诡局,指在逻辑学上可以推导出互相矛盾的结论,但表面上又能自圆其说的命题。悖论是对人类智力的挑战,它相当于一个个谜,激发了人们思考它、破解它的莫大兴趣,自古以来人类在诸多领域发现了数不胜数的悖论,在人生领域也是如此。

悖论本来是逻辑学中的基本概念,后来人们把它泛化并运用到其他学科领域,结果发现,几乎在每一种概念和真理背后,都存在着悖论。

悖论,在康德那里叫做"二律背反"。康德提出了四组二律背反:时空是有限的又是无限的;世界是单一的不可分割的又是复杂的可以分割的;世界上存在着自由又不存在自由(一切都是必然的);世界有始因又无始因。

黑格尔认为,康德承认思想、认识中发生矛盾的必然性,对于破除旧形而上学的"独断论"来说,必须认作是哲学知识上的一个很重要的贡献。但是,黑格尔认为,康德只列举了四种,太不够了。

其实,"不仅那四个特别从宇宙论中所提出的对象里可以发现矛盾,而乃在一切种类的对象里,在一切的表象,总念(亦可译作概念——引者),和理念里,均可发现矛盾。知道这点并且认识一切对象之矛盾性乃是哲学思考的本质。"在《哲学史讲演录》中,黑格尔也说过,康德指出了四个矛盾,这未免太少了,因为什么东西都有矛盾:"凡一切真实之物都包含有相反的成分于其中。因此认识甚或把握一对象,也就是要觉察到此对象为相反的成分之具体的统一"。①

  黑格尔的认识是深刻的。他看到了一切事物内部的深层秘密,从而揭示了这一秘密构成的基本机制。遗憾的是,黑格尔及传统的西方哲学总是把眼光投向外在的客观世界,用康德的话说即物自体,而不大关注人、人生哲学、人的心灵的秘密、人的全部的精神生活。其实,严格说起来,人、人生、人的心灵、精神世界,也是一种客观存在。因为我们不可能想象作为客观存在的人会没有思想和灵魂。从叔本华、尼采开始,西方哲学扭转了传统哲学的偏颇,把关注点转向了人、人生、人的内部世界。而一旦进入这一领域,就会发现在一切问题的深处,也都存在着深刻的矛盾,存在着二律背反或者说是悖论、诡局。这种发现,深刻影响着近现代西方哲学、宗教以及文学艺术。人们发现世界、人生、人心原来是那么复杂难言,决不像以前所了解的那样单纯和透明,于是现代人才有那么多的困惑、焦虑、不安、无所适从、两难选择,等等。现代人复杂了,现代人深刻了。

---

  ①  转引自:张世英:《论黑格尔的逻辑学》,上海人民出版社,第55页,1981年

# 六  一念间
## ——人生辩证法

改革开放三十多年,中国经济大发展,中国人的物质生活水平迅速提高,由贫穷变小康了,人们不再为衣食问题而发愁了,按说应该普遍感到幸福和快乐了,然而,各种调查数据和现实的生活经验告诉我们,人们的幸福指数并没有相应提高,而且,牢骚和不满、怨气和烦恼好像反而更多了。造成这一局面的原因是多方面的,因而要提高幸福指数需要社会全方位的努力,需要继续改革开放,力争最大限度地消除让人感到不幸福不快乐的种种因素。可是,根据辩证法的原理我们知道,这一过程是永无止境的,努力努力再努力,让人感到不幸福不快乐的因素还是消除不完,人们的满意总是相对的而不满意则是绝对的。换句话说,人们的痛苦和烦恼将是永恒的。那么怎么办?办法是有的,这就是,一是社会方面的继续努力,这是改变人们生存处境、提高幸福指数的外部因素;二是从思想上提高对于幸福、快乐问题的认识,学会从理智上自觉地化解让我们感到不幸福不快乐的因素,让我们从自己的人生智慧中获得幸福和快乐,这不仅是必要的而且是可能的。接下来我们就来讨论这一问题。

同样的物质条件,同样的生存境遇,有人感到幸福快乐,有人没感觉,有人感到痛苦烦恼,为什么?因为观念不同,认识不同,或者说思想境界不同。如此看来,在基本的生存条件有了保障之

### 不惑之感

后,快乐与不快乐,常常并不决定于外部因素而决定于内部因素,换句话说,决定于人们的观念——观念一变感受就变,快乐与不快乐有时就是一念之间的事。

这是可能的吗?当然是可能的,许多人都认识到了这一真理。佛经说"一念境转";林肯说"人快乐的程度多半是由自己决定的";有个作家说"幸福既不是实物也不是状态,而是一种领悟";网友说"真正的财富是一种思维方式,而不是月收入数字"——诸如此类的话都说明快乐与痛苦往往就在一念之间——苦乐一念间。

苦乐一念间!那么把握这"一念"的钥匙是什么呢?简单说就是辩证法——人生辩证法。

### (一) 好运与坏运

人生在世,谁都想让自己幸运而千万不要有坏运,但到底怎样是好运怎样是坏运呢,不太好说。关于这个问题,我们试从以下几方面加以解说。

1. 好运与坏运是相对的而不是绝对的

一个人的命运到底是好还是坏?不太好说。就说你吧!你说你是幸运的呢,还是不幸的呢?我看你也说不出。我一米七五,你说我高呀还是低呀,我看你也说不出,因为没有比较的标准。和姚明比,我低;和低于一米七五的人比,我高。这会儿你我都在这个教室里,我讲课你听课,谁也感不到幸运或不幸,我们没有感觉。但是,如果和医院里的病人一比,我们立刻就会感到自己的幸运,因为我们没有病啊!昨天晚上还牙疼而这会儿不牙疼,和昨天晚上比,这会儿就是幸运。这说明了什么?说明要评价一个事物,必须有一个标准,有一个参照物。评价好运与坏运也是如此。换句话说,幸福和幸运是需要比较的,用作家毕淑敏的话说,幸福是需要提醒的。拿什么提醒?拿灾难和不幸。你不是感觉不到自己的幸福和幸运吗?突然塞给你个灾难和不幸,你立马就会觉得,啊!

## 六 一念间

原来我曾经也是幸福和幸运的。

中国古人早就懂得这一道理。《格言联璧》中有言:"无病之身,不知其乐也,病生始知无病之乐。无事之家,不知其福也,事至始知无事之福。"当代著名作家史铁生二十一岁瘫痪,从此与病床结伴,他对上面的道理有切身体会。他说,发烧了才知道不发烧的日子多么清爽,咳嗽了才体会到不咳嗽的嗓子多么安详,刚坐上轮椅时觉得简直没法活下去,等生了褥疮才发现端坐的日子其实多么美好,后来又患尿毒症,经常昏昏然不能思想,就更加怀恋起往日时光。"终于醒悟:其实每时每刻我们都是幸运的,因为任何灾难的前面都可能再加一个'更'字。"(《病隙碎笔》)也就是说,一个个灾难和不幸的降临,让史铁生一次次一步步地感受到灾难和不幸降临前自己原来也是幸福的。

为什么更多的人感受不到自己的幸运而老是觉得自己不幸呢?感受不到自己幸运而老是觉得自己不幸是人们的习惯性思维。有一个故事说明了人性的这一特点。一次"我"到朋友家做客,看到墙上一幅画,白白的宣纸上一个墨点的黑点,题目叫"快乐"。"我"不解。朋友说:"你知道那个黑点是什么吗?是痛苦!"啊!经朋友一点拨,我一下子豁然开朗,明白了其中的深意:黑点太惹眼了,人们看到画先看到这个黑点而全然忘了黑点之外那么大片的白色,而大片白色就是快乐。没办法!人就这德性,太容易看到自己那点痛苦而看不到那点痛苦之外的无边快乐,人们光记住了自己的坏运而看不见自己的好运。

2. 你不知不觉中已经躲过了无数灾难和不幸,其实你就是最幸福幸运的人

幸福和幸运需要提醒的道理,只有被灾难和不幸击倒过的人才有切身的体会,而我们没有被击倒过,本应该有特别强烈幸福感,却没有一点感觉。这实在是憾事啊!你不信吗?让我用以上道理为你细述你的幸福和幸运。

不惑之惑

例如,你十岁上小学时一次因为赶时间快跑去学校,路上突然摔倒,头一下子磕在地上,你慌慌张张爬起来又跑了起来。其实你摔倒后就在距你左眼一厘米的地方有一个大头钉,你再往前一厘米这颗钉就把你左眼扎破了,你就会瞎了左眼了,然而上帝眷顾你,那颗钉没有扎到你。想一想你不感到后怕,不感到特别特别的幸运吗?

你十五岁时一次在大街上骑自行车,突然一辆汽车一声尖叫撞在你的前轮上,你一下子倒在地上,吓出一身冷汗,因为再有零点一秒钟汽车刹不住就把你撞死了。结果决定你命运的零点一秒钟你终于安然无恙的躲过了,这才有了你的今天。想一想,你不感到自己特别特别幸运吗?

还有,上大学时你一分不多一分不少压着分数线来到了你所在的理想学校,但是在考场上的时候有好多选择题你并不会,你需要"蒙",即需要靠运气,你选了A,你选对了,你就够了分数就上了学,如果选B、C、D,你就错了,你就上不了学,就改变了你的命运了。结果你一一都蒙对了。这是多么大的幸运和幸福啊!你应该感谢冥冥中的上帝帮助了你。

还有,2008年5月12号中午你还在四川汶川县城旅游,但十二点时有朋友告诉你家里有急事,于是你急匆匆地离开了,结果你躲开了下午两点多的大地震。

类似这样的例子我可以给你举一千到若干万,这一千到若干万都是你的幸运,这难道不是真的吗?从理论上说,灾难和不幸是可以随时降临到任何人头上的,但偏偏降临到别人头上了而没有降临到我们头上,或者说在差点降临到我们头上时我们却在不知不觉中躲开了。这难道不是我们的幸福和幸运吗?各位朋友,用我上面说的方法回去好好想想,看是不是这回事。你没这样想时,感觉不到自己的幸福、幸运,而按照上面的思路想想,一念之间,你就是特幸运的人,这就是观念的力量,思维方法的力量。

## 六　一念间

　　用灾难和不幸提醒自己的幸福,这是一个非常好的思想方法,一个经典的人生智慧,掌握了这个思想方法即人生智慧就等于掌握了靠得住的幸福。无论什么人,无论处于何种境况,你都可以说"感谢上帝",因为你本来可能比现在要不幸,结果你躲过了那个不幸,不幸没有降临到你头上而降临到别人头上了。但遗憾的是,人们往往记得自己的不幸而感受不到自己的幸运。在现实生活中,没有多少人总觉得自己是幸福幸运的,而更多的人是常常无休止地抱怨自己的不幸。从思想方法上来看,这不怨别人,怨自己。

### 3. 生在当代是幸运还是不幸

　　这里说一个年轻人中流行的现实困惑,即生在当代是幸运还是不幸?因为常听身边的年轻人抱怨,现在的年轻人实在太不幸了——一生下来就被早教,唐诗宋词画画唱歌英语钢琴一个都不能少,因为有人告诉家长,谁都不想输在人生起跑线上;大点上了学就投入了高度紧张的竞争,争分数,争荣誉(有荣誉高考能加分啊),争排名,争得疲惫不堪;好不容易大学毕业甚至研究生毕业了又找不到工作;工作了又遇上高房价,买不起只好当蚁族;好不容易买了房却又成了永远还不完贷款的房奴。这样看来,当代的年轻人确实是不幸的。

　　那么怎么办?换个时代生活(假如可以的话)怎样?春秋战国怎样?那时百家争鸣出了那么多的思想家,多好啊!可是,那时的人都要去打仗的呀!天下大乱,群雄四起,生命一钱不值,在战场上死的都是老百姓。如果你上了战场将会怎样?有点可怕吧!那么你选择生在盛唐吧,那时国力强盛,国泰民安,据说是封建社会的黄金时代。生在这样的时代你或者有了饭吃,可是你有学上吗?上了学又怎样呢?李白杜甫生在那时代了,他们比你有才吧?但他们的命运又如何呢?我们已经知道李白、杜甫虽有诗名,在现实生活中却是穷困潦倒、困顿不堪的。那个时代,多少有才人被摧毁、被埋没了。后来的哪个时代好呢?你想不出来了吧!一眨眼

不惑之惑

新中国建立了,"文革"前文革中生活贫困,"运动"不断,年轻人受教育的条件绝对没有现在的好,就业门路也没现在的多,一代人正是学习成长的好时机却不得不上山下乡,回来成为半文盲,被时代抛弃了。你不知道,那时过来的人知道。改革开放了,一切大变了,等你上学时需要交费了,毕业生也不分配需要自谋生路了,于是你羡慕改革开放之初那些年的学生了。但你想没想过那时高考录取率非常低,犹如千军万马过独木桥,因此那时能上大学就是"天之骄子"啦!你要是那时参加高考,敢保证一定能考上吗?如果像绝大多数人一样考不上,又该如何呢?

总之,我的意思是说,各个时代有各个时代的特点,每个时代都不容易。纵观中华民族五千年的历史,综合分析,现在的时代是中国有史以来最好的时代,虽然还有那么多的不理想、不如意。你生在当代,已经是很幸运的啦!你就不要太埋怨了。还是放平心态,好好学习和工作吧!这个世界并不只有你一个人,所以你必须学会在这个并不只有你一人的世界上生存。你要想生存得好,必须付出自己的努力。没有办法,生在哪个时代、哪个社会都是一样!

4. 好运与坏运是相互依存相互渗透的

命运的辩证法告诉我们,世界上没有绝对的好运,也没有绝对的坏运,而是好运中蕴涵着坏运,坏运中蕴涵着好运,正所谓"福兮祸所伏,祸兮福所倚"。

5. 好运与坏运不是静止的、僵化的,而是在运动中相互转化的

如同学们最熟悉的司马迁的不幸逼出了他的《史记》,曹雪芹的不幸逼出了他的《红楼梦》之类,例子多多,历史的、现实的、文艺作品中的。上述道理简单,不拟多说。

6. 摊上了不幸怎么办

前面我们说幸运与不幸是相对的而不是绝对的,这一道理是

## 六 一念间

一个永恒的真理,现在我们要继续讨论的是,如果遇到了哪怕是相对中的不幸,你将怎么办?例如,天生的瞎子、先天性心脏病、天生的弱智、天生的丑陋,还有,你忽然得上了你无论如何不想得的疾病,还有,在社会生活中你蒙受了不白之冤,你遭受了本不该你承受的挫折和打击,诸如此类,前者是天灾,后者是人祸,总之不幸不由分说降临到了你头上,让你不幸没商量,你该怎么办?

遭遇这种情况是谁都不愿意的,但灾难和不幸的降临不是愿意不愿意的问题,而是根本不以你的主观意志为转移的。遭遇这种不幸,大多数人都会被打蒙、打晕、打迷,完全手足无措,因而完全不能接受,极度愤怒,骂爹骂娘,捶胸顿足,恨不得把天给戳破把地给炸沉,但这一切全没有用。怎么办?看来还是要冷静下来思考怎样化解这些不请自来无论如何无法赶走的厄运。这就需要借助一些人生智慧。化解不幸的智慧很多,长话短说是两点:坦然接受,勇敢抗争。

不幸已经来了,你就再也赶不走了,你愿意接受也得接受,不愿意接受也得接受。既然如此,那就不要痛苦不堪,埋天怨地,愤愤不平了,那样受伤害的只能是你自己,所以最理性、最智慧的态度是平静地说一句:老子认了!这一句看似粗俗的话蕴含了巨大的精神力量,显示了坚强的人生意志。平静下来怎么办呢?当然是勇敢抗争啦!通过勇敢抗争使命运向好的方向发展,争取最好的结果,即使不如意你也是胜者——你胜在精神上,你在精神上证明你是意志坚强的英雄。

如何对待厄运,自古以来人类积累了丰富的经验和智慧。关于此话题,本丛书设置《化解苦难》专辑予以讨论,有兴趣可以继续阅读该专辑,此处不赘。

### (二) 得与失

得与失也是人们最喜欢谈论的人生话题,或曰哲学命题。从

### 不惑之惑

人性、人心来看，谁都想得而不想失。当然这是指对于好东西，例如钱；对于坏东西谁都想失去而不想得到，例如病。但这怎么可能啊！这是违反事物发展规律的呀！从事物发展规律角度看，得与失之间充满了辩证法。

得与失的辩证关系主要表现于以下几个方面。

1. 从哲学角度看，得失互生，各以对方为前提

得与失毋庸置疑是一对矛盾。辩证法在讲到矛盾双方的关系时，第一条总是说双方各以对方的存在为自己存在的前提，例如没有黑夜就是没有白天，白天是相对于黑夜而言的；没有生就没有死，死是相对于生而言的。这就是说，有生必有死，一个人压根儿就没有出生，当然也就没有死。得与失也一样，得是相对于失而言的，反之一样。你没有得到过权力，因此你就不怕失去权力。不是怕不怕的问题，是你压根儿就没有的问题。因此"失"就是子虚乌有的事，你想失也失不成，你压根儿就没有这个机会。你不是亿万富翁，因此你也就不用担心失去这笔财富的问题。但是，你一旦得到了，"失"的问题也就跟着来了。也就是说，有得就必有失，只不过这个失是个时间早晚的事。得与失是一枚硬币的正反面。

2. 从终极角度看，这一生所有你所得到的，最后都要一一还回去

回想人的一生，当初你来到这个世界上时赤身裸体，什么都没有，你只是一个赤条条的生命。有了生命就开始了"有"即"得"的过程，先是得到了亲人，得到了家庭，先是爷爷奶奶爸爸妈妈的家庭，长大之后是自己的小家庭，又得到了学历、荣誉、权力、财富、房子、车子、票子、职称、名声，诸如此类，无穷无尽。你从无到有，从少到多，多到你自己都数不过来，但是，不管你得到多少，最后到死的时候都要一一还回去。得到多少还回去多少，得多多还，得少少还，不得不还。正所谓赤条条的来赤条条的走，你从虚无中来最后又回到虚无中去，你所有的只是一个过程。

## 六 一念间

但就是这样一个简单的道理,有些人却总是不懂,总想贪婪的得、得、得,永远得不够。倒是那些得、得、得,得到最多的人最后反而明白了。这里有一个著名的故事,即亚历山大大帝死后的遗嘱。

亚历山大大帝(公元前356～323)是马其顿国王腓力二世之子。少时拜哲学家亚里士多德为师。即位后,镇压希腊各城邦反马其顿运动,并大举侵略东方。公元前334年入侵小亚细亚;前333年在伊苏城击败波斯王大流士三世;前332年入侵埃及、叙利亚;前331年进兵两河流域;前330年灭波斯帝国并入侵中亚;前327(或326)年入侵印度。自此,亚历山大建立起东起印度河、西至尼罗河与巴尔干半岛的大帝国。公元前323年亚历山大在巴比伦城因病逝世。亚历山大大帝是历史上最残酷也是最疯狂的征服者,虽然他仅仅活了短短的33岁,但他建立起了影响整个人类历史的伟大帝国。

亚历山大大帝的一生,是以征服为荣的一生,据说在他占领了半个地球的土地之后,曾因找不到对手而寂寞落泪,郁郁寡欢。因此,年仅33岁就病入膏肓,任何治疗都无法挽救他年轻的生命。他静静地躺着,谁也不知道他在想什么,当他得知自己的生命久将不久于人世,竟显得出奇的宁静,此时的亚历山大大帝,再也不是那个不可一世的征服者。亚历山大弥留之际说出了他的遗嘱:医生送我去墓地;把我的金银珠宝撒在通往墓地的路旁;我的手伸到棺材外。

这个奇怪的遗嘱告诉我们什么呢?部下们都感到很疑惑,说:"为什么要这样做呢?从来没有人这样做过,也没有听说过这样的事。"亚历山大大帝以命令的口气说:"但你们一定要这样做!"部下小心翼翼地问道:"能否让我们知道为什么这样做?"亚历山大大帝使尽最后的力气说出了让世人震惊的话语:"我要让人们看看拥有无限财富的亚历山大大帝死后的双手,让人们知道我也是两手空空离开世界的。人两手空空来到世界,必将两手空空离开世界,带不走任何的身外之物。我要让人们看到,亚历山大大帝活着的时候似乎很荣光,但他死的时候却是一个全然的失败者!我要让人们记住我的教训,莫让宝贵的生命消失得太快。"

医生最终治不了我们的病,也救不了我们的命。也许就是医生送我们去坟墓。人在世间,争名夺利,追求财富尤甚。所有的都只不过是人生旅途上的一道风景而已。

亚历山大大帝的故事给我们什么启示呢?他让我们彻底领悟得与失的关系,说不定会改变我们的人生。再如墨西哥巨富卡洛斯·斯利姆·埃卢的事例。

20世纪90年代,卡洛斯·斯利姆·埃卢垄断了全墨西哥的电信市场。他制定高于所有发达国家的电信收费标准,将大把大把的钞票敛入囊中。他的经营领域从制造业到房地产业,再到零售业、金融业、互联网……埃卢敛财的触角渐渐延伸到了社会经济的各个领域。2010年3月,美国《福布斯》杂志公布了最新一期世界富豪榜。埃卢以535亿美元名列榜首,首次打破了美国人长达16年的垄断。消息一出,全世界的目光都聚焦到了他的身上。但埃卢却对"世界首富"的头衔没有表现出丝毫兴趣。当记者前来采访时,他还戴着一块电子手表,开着一辆破奔驰,乐此不疲地做他的慈善事业。

有人问埃卢,是什么原因使他从一毛不拔的守财奴到乐善好施的慈善家,是什么促使他有了如此之大的转变?埃卢略带羞赧地答道:"亚历山大大帝的遗嘱,让我明白了一个道理:即使你生前拥有了全世界,死时,一样两手空空,带不走哪怕一个子儿。"

原来,2000年,埃卢因心脏病突发住进了医院。病房里,他翻看亚历山大大帝的传记,从亚历山大大帝的临终遗嘱中受到启发,对财富、对人生的看法有了颠覆性的改变。康复后,他将"埃卢王国"的日常工作交给儿子和女婿们打理,自己则隐退下来,投身到

## 六 一念间

慈善事业中去。他耗费巨资改造墨西哥城,建立多家慈善机构,资助贫困儿童和大学生……

墨西哥的埃卢因大病从亚历山大大帝身上悟了人生,而比他悟得更早的人多的是,例如美国著名大企业家、微软王国创始人比尔·盖茨、股神巴菲特,他们早早就宣布把自己的巨额财富捐出来做慈善。这些富翁是令人敬仰的人,是彻底悟道的人。而让我们感到遗憾的是,在中国,这样的富翁却不多,多的是一毛不拔的铁公鸡。

3. 从实践角度看,得此失彼,得一失多,你别无选择

现实生活中我们会遇到各种各样的人生选择,选择什么即得到什么,因为我们什么都想得到,所以我们什么都想要。但这是不可能的!生活就像试卷上的选择题,答案只能二选一,三选一,四选一,多选一,总之只能选一。你选择了这一个,就意味着舍弃另一个,另两个,另三个,乃至无数个。有一首著名的英语诗揭示了这一道理。

### 没有走的路
#### 罗·弗劳斯特

路到渐黄的树林分两股,
我呀,一个人,只能走一股,
伫立林中,我多时踯躅,
极目远望前面这条路曲折通到一片灌木。
我却走另一股,同样美丽,
选定这一股也许有理由:
因为这条路草深人稀;
当然要就其他外貌说,
两条路倒也相差无几。
那一早,落叶下面的两条路

### 不惑之惑

> 都很清新，还没人行走，
> 啊，我想把第一股暂时留着，
> 谁知我这股和旁路相连，
> 我不会转回再走那一股。
> 我将带着内心沉痛，
> 向几代后来行人倾诉：
> 我遇到两条道路在林中，
> 却选择来往稀少的一股，
> 结果导致了遭遇不同。

  诗向读者讲述了一个"故事"：一个人在树林里遇到两条路，他既想走这条又想走那条，这当然是不可能的，于是只好选择其中的一条而放弃另一条，结果导致一生遭遇不同，令人感慨万端。作者在这里是运用象征手法谈人生，林中择路其实就是人生选择的"客观对应物"。理论上事物的发展有无数种可能性，你也应该有无数种选择，可事实上并非如此。例如，世界上同年龄段甚至不同年龄段的女性或男性理论上都是你的恋爱结婚对象，她\他都可能成为你的妻子或丈夫，可事实上你只能有一个妻子或丈夫；这世界上有三百六十行，理论上哪一行都可能成为你的职业，可事实上你只能从事一种职业；理论上你的人生可以有千万条路，可事实上你走出的只能是一条。

  总之，人生的无限可能性中你只能选一种。你选择了这一种就意味着必然失去那一种，那两种，那千百种。换句话说，选择意味着占有意味着得到但同时也意味着失去，得到意味着满足同时也意味着失落和遗憾。总之，得此失彼，得一失多，你别无选择。这是没有办法的事，这就是人生的真相，人生的宿命。

  得此失彼，别无选择，给我们的人生启示是什么？它启示我们，上帝在给你一个东西的时候，同时也就收走了"这一个"之外的

## 六 一念间

其他,你只能得到并尽情享受自己已经得到的,而不应该再贪恋本不属于你的其他。也就是说做人不能太贪心,什么都想要,吃着碗里的看着锅里的,永远没有满足的时候。如果这样,肯定没有幸福,没有快乐。

例如,你当了国家公务员,国家绝对会给你提供生活保障,让你过上体面的生活,另外,权力还会给你带来体制内或显或隐的利益。但有人对此不满足,还想像大老板那样发大财,结果搞权钱交易,权色交易,有一天东窗事发,你把一切全交出去。

再如,你当了教师,就尽情享受教师职业带给你的安定、清静、规律、每年有两个假期的有闲生活,就不要再贪恋某些有权人、有钱人花天酒地、纸醉金迷的奢华生活。反过来,某些有权有钱有条件过花天酒地生活的人还羡慕你的安定和清静呢！世上没有十全十美的职业,没有十全十美的生活,人生总有缺陷,你选择什么就享受什么,承受什么,千万不要得陇望蜀,自寻烦恼。

4. 从事物构成看,得中有失,失中有得,相互包含

这个小题目下要说的是,世界上的事物,没有一件是孤立的、绝对的、只有一面的。结合我们的话题,世上也没有孤立的、绝对的、单纯的"得",反之也没有这样的"失",事实上永远是得中有失,失中有得,得失互相包含。就像我们手中的硬币,如果把这面看成是得,那么翻过来另一面就是失。还像中国的太极图,其中的阴阳鱼(黑和白)是互相包含的,你中有我,我中有你,不离不弃,融为一体,正所谓"福兮祸所伏,祸兮福所倚"。

这个道理提醒我们不要孤立的绝对的看问题,不要把问题看死了。

一个人年纪轻轻升官了,身居要津了,风光无限,众人仰视,真正体会到权力的美妙了。然而,这一定是好事吗？这是绝对的好运吗？未必！弄不好这位置下面就是陷阱啊！古代人都想入朝做官,而且想做大官,一人之下万人之上的大官,但正是这些朝中大

不惑之惑

官有一句沉痛无比的感慨:伴君如伴虎！他们必须时刻提心吊胆,战战兢兢如履薄冰,因为,一句话说不好,一件事办不好,甚至是一个眼色没领会,说不定就会杀头,更倒霉的是株连九族。你看这官是好当的吗？这里有幸福和快乐吗？

退一步,即使没有那么倒霉,那能像我们想象的那么轻松得意吗？不能。因为当了官就有责任,这责任有沉甸甸的分量,越是好官越感到沉重。那么不好不坏或干脆就是孬官呢？我没当过任何官,不过凭我们普通老百姓想象起来,恐怕他们的官也不很好当。因为他们手中有权,有权就面临各种各样的诱惑,在诱惑面前,有坚定信念能够拒绝的人不是很多。如果没有决心拒绝,心就会乱:例如有人行贿送钱,他也知道不该收,他也曾坚决拒绝过,但久而久之,他又想,天下那么多人都贪了,为什么我不贪？难道偏偏我就倒了霉？侥幸心理一产生,贪渎之路就此开始,心不踏实甚至心惊肉跳之路也从此开始。从此不敢看见听见"反贪"两个字,夜里不敢听见警车叫。除此之外麻烦还多着呢！你不是有权吗？有权了各种关系都围过来了,家属、亲戚、朋友、熟人,七大姈子八大姨,"一个都不能少",来请托你办事,这些事没有几件是光明正大的,如果光明正大就用不着找你了。你说你办不办？办了犯原则,犯法规,犯纪律,不办,伤了人情面子,于是你心烦意乱,寝食难安。一般老百姓就不说了,一咬牙得罪也就得罪了,可是如果是你的上司交给你一件走不了正道的事,他如今正决定着你的升迁,你将怎么办？或者他是你的老上司,对你有恩,曾提拔过你,你怎么办？我估计你办也不是,不办也不是,坐立不安,五内俱焚。

类似这样的事说不完道不尽呢！你说这官是好当的？！换句话说,当上官应该算谁都高兴的求之不得的"得",但是诸如此类的麻烦事是随之而来的"失",你得到了这个,同时就失去了那个,得中有失,失中有得,没有两全,更没有十全。所以当你有所"得"的时候别太得意,更不要忘形,否则就失之于浅；反过来当你有所

## 六 一念间

"失"的时候也别沮丧,你要把事情看透一些,要保持一颗平常心,积极乐观地生活。

再简单说一下关于钱的得与失。无论谁都想发大财,而且最好是不劳而获的大财,那好,上帝关照让你买彩票获了大奖,五百万,天上掉下个大馅饼,这算个大"得"吧!你应该乐坏了吧!但且不要高兴得太早,你所预料不到的麻烦事在后头呢!就因为一夜暴富而家无宁日甚至最后倾家荡产、家破人亡的事多着呢!不信你观察一下现实、研究一下历史,看是不是这样?!总之,塞翁失马,安知非福?塞翁得马,安知非祸?事情都有两面性,看事不能一只眼、一根筋。

5. 从事物运动看,得与失相互转化,人生无常

在人的一生中,凡得到的东西都不是永恒的,不变的,而是变动不居,随时都在变化的,换句话说,得到的随时可能失去,而本来没有或本来有但却失去的东西还可能得到或再得到。总之,得与失随时都在相互转化,这用中国传统语言叫"人生无常"。

"人生无常"常常被理解为消极的话,我有些不理解。为什么好好的充满辩证法的话就成了消极的了呢?想了想很可能是人性深处光想得到而不想失去。怕失去,所以对"人生无常"四个字特敏感。其实大可不必啊!事物有它自身的运动规律,不是你想不想、怕不怕的问题,聪明的人应该是理解它,接受它,顺其自然,因势利导。

关于"人生无常",得失转换,中国古代文化中充斥着这类语录。这里不去罗列,只想提一提《红楼梦》中的"好了歌"。《红楼梦》为什么好?好在哪里?为什么它征服了历代各层次尤其是文化层次高的读者包括毛泽东呢?原因复杂,非一言一语可以道尽,但归根结底最重要的原因是其中蕴涵了深厚的人生哲理。人生哲理也非一言能蔽之,我以为其中最为重要的一条就是让人感悟到"人生无常"的大道理。你看以贾府为代表的几个贵族家庭,作者

不惑之惑

曾用"烈火烹油,鲜花着锦"八个字形容其富贵,但曾几何时一个个衰败了;贵族家庭的那一个个让人喜欢的娇小姐和丫鬟们,最后的命运是"千红一窟(哭),万艳同杯(悲)",一个个悲惨得催人下泪,最后家也败人也亡,"好一似食尽鸟投林,落了片白茫茫大地真干净!"所以读者读了《红楼梦》后老是感觉心里沉沉的,酸酸的,有一种说不完道不尽的感觉,就是被其中的人生感慨征服了。

把上述思想和情绪传达得最为透彻的是"好了歌"和"好了歌注"。

### 好了歌

世人都晓神仙好,只有功名忘不了!古今将相在何方?荒冢一堆草没了!

世人都晓神仙好,只有金银忘不了!终朝只恨聚无多,及到多时眼闭了!

世人都晓神仙好,只有娇妻忘不了!君生日日说恩情,君死又随人去了!

世人都晓神仙好,只有儿孙忘不了!痴心父母古来多,孝顺儿孙谁见了?

### 好了歌注

陋室空堂,当年笏满床;衰草枯杨,曾为歌舞场;蛛丝儿结满雕梁,绿纱今又在蓬窗上。说什么脂正浓,粉正香,如何两鬓又成霜?昨日黄土陇头埋白骨,今宵红绡帐底卧鸳鸯。金满箱,银满箱,转眼乞丐人皆谤;正叹他人命不长,哪知自己归来丧!训有方,保不定日后作强梁。择膏粱,谁承望流落在烟花巷!因嫌纱帽小,致使枷锁杠,昨怜破袄寒,今嫌紫蟒长;乱哄哄你方唱罢我登场,反认他乡是故乡。甚荒唐,到头来都是为他人作嫁衣裳!

这篇二注"注"比《好了歌》说得更具体、更形象、更冷峭无情。富贵的突然贫贱了,贫贱的又突然富贵了;年轻的突然衰老了,活

## 六 一念间

着的又突然死掉了——人世无常,一切都是虚幻。想教导儿子光宗耀祖,可他偏偏去当了强盗;想使女儿当个贵妇,可她偏偏沦为娼妓;想在官阶上越爬越高,可是偏偏成了囚徒——命运难以捉摸,谁也逃脱不了它的摆布。可是世上的人们仍不醒悟,还在你争我夺,像个乱哄哄的戏台,闹个没完。这就是《好了歌注》的基本思想。

《好了歌》和《好了歌注》道尽了世事变迁、得失互易、人生无常的人生道理,对于痴迷于永远想占有已经获得的功名利禄的人,无疑是付清醒剂,对我们普通百姓芸芸众生也是一种有益的提醒,让我们看开点,活得愉快点,活出人生的智慧,活成一个智者。

### (三) 有与无

1. 人都知道自己没有什么,而不知道自己有什么,所以痛苦

有这么一个寓言故事。一天,上帝突发奇想:"假如让现在世界上的每一个生命再活一次,他们会怎样选择呢?"于是,上帝给世界众生发一问卷,让大家填写。问卷收回后,令上帝大吃一惊。请看他们各自的回答。

猫:"假如让我再活一次,我要做一只鼠。我偷吃主人一条鱼,会被主人打个半死,而老鼠呢,可以在厨房翻箱倒柜,大吃大喝,人们对它也无可奈何。"

鼠:"假如让我再活一次,我要做一只猫。吃皇粮,拿官饷,从生到死都由主人供养,时不时还有我们的同类给它打打牙祭,很自在。"

猪:"假如让我再活一次,我要当一头牛。生活虽然苦点,但名声好。我们似乎是傻瓜懒蛋的象征,连骂人都要说蠢猪。"

牛:"假如让我再活一次,我愿做一头猪。我吃的是草,挤的是奶,干的是力气活,有谁给我评过功、发过奖?做猪多快活,吃罢睡,睡罢吃,肥头大耳,生活赛过神仙。"

不惑之惑

鹰:"假如让我再活一次,我愿做一只鸡,渴有水,饿有米,住有房,还受主人保护。我们呢?一年四季漂泊在外,风吹雨淋,还要时刻提防冷枪暗箭,活得多累!"

鸡:"假如让我再活一次,我愿做一只鹰,可以翱翔天空,任意捕兔捉鸡。而我们除了生蛋、报晓外,每天还胆战心惊,怕被捉被宰,惶惶不可终日。"

最有意思的是人的答卷。不少男人填写为:"假如让我再活一次,我要做一个女人,可以撒娇,可以邀宠,可以当妃子,可以当公主,可以当太太,可以当妻妾。最重要的是可以支配男人,让男人拜倒在石榴裙下。"

不少女人的答卷是:"假如让我再活一次,一定要做个男人,可以蛮横,可以冒险,可以当皇帝,可以当王子,可以当老爷,可以当父亲。最重要的是可以驱使女人。"

上帝看完,气不打一处来:"这些家伙们只知道盲目攀比,太不知足了。"他把所有答卷全都撕碎,喝道:"一切照旧!"

这个寓言辛辣地揭示了人类的贪婪不知足的心理,人类一心二心盯的就是自己没有而别人所有的,而看不到自己所有而别人没有的。因此,无论谁都对自己的现状不满意,都在埋怨自己这没有那没有,对别人的所有"羡慕嫉妒恨",整日,甚至终生生活在痛苦中。由此可见,人类的贪婪不知足、永远觉得自己"无"是人生痛苦之源。

2. 你拥有的你却看不见

你真的什么都没有吗?当然不是,而是你拥有的你没看见。这正如人有两只眼睛两只耳朵一张脸,但自己看不见一样。

我看到不止一本书讲到这样一个问题:你不是觉得自己一无所有吗?现在有一个亿万富翁病入膏肓,奄奄一息,他决定用他的亿万资产换取一个人的生命,如果是你,你换吗?估计你不换。那么好,这就说明你的生命、你的健康比亿万资产还珍贵,说明你至

## 六　一念间

少已经拥有了亿万资产都换不走的宝贝。你可能说,我死了那些资产对我还有什么用？是的,那么换一个问题来问。保留你的生命,有人用一千万元换你一双眼睛,你干吗？你很可能不干。如果你不同意,那么就说明光是你的眼睛,就至少又值一千万了。诸如此类,你的生命,你全身每一个地方都是无价之宝,你就是无价之宝的拥有者,这样说你不觉得很有道理吗？!

当然,以上问题稍稍奇特了一些,超常规了一些,那么我们回归常规问题。我知道你所谓的一无所有是指你眼下没有钱、没有房、没有车、没有地位之类,你羡慕的、渴望的是和社会上流行的所谓"成功人士"一样,有钱、有房、有车、有地位,等等,你渴望成为一个富翁,成为富翁这一切全有了。可是,你仅仅看到了他们所有的,而没有看见他们所没有的,即你没有看见他们的"有"之后的"无"。

很多时候,我们总是觉得有钱人、名人是快乐的。因为他们几乎没有物质上的困扰,而且人尽皆知,拥有令人羡慕的声誉。然而,你知道他们真正的快乐是什么吗？

全球华人首富李嘉诚在面对记者关于"你最大的快乐是什么"的提问时,很真诚地答道:"在不被人认出的情况下,一个人到公园去转转。"

世界第一富豪比尔·盖茨在回答与李嘉诚同样的问题时,他说:"我最大的快乐,就是在没人干扰的情况下,和家人一起到一个小餐馆就餐。"

英国王妃戴安娜生前也曾对人说:"我最大的快乐,就是不用化装,没有记者的盯梢,痛痛快快地逛一天商店。"

财富不达到这个地步,名声不居于这样的高度,是很难体会到超级大款、世界名人这种让人难以想象的"快乐"的。

快乐是一种身心愉悦的体验,追求快乐是人的本能。快乐与财富、地位、名气无关,快乐不需要大量金钱做支撑,也不需要名气

## 不惑之惑

为后盾,更不需要乌纱来提携。因而一个普通人享受到的快乐不一定比阔人、名人少。普通人也许享受不到名菜大宴,宝马香车,豪宅美眷,但是那些富人们却连到公园转转的快乐也享受不到,逛个商场也提心吊胆。一个看到丰收的稻谷随风摇曳的田舍翁的喜悦心情,也许不差于盯着《福布斯》排行榜上自己名次的大老板。

美国一家报社曾以"在这个世界上谁最快乐"为题,进行过一次有奖征答比赛。从应征的数万封来信中评出的最佳答案是:作品刚刚完成,吹着口哨欣赏自己作品的艺术家;正在用沙子筑城堡的儿童;为婴儿洗澡的母亲;千辛万苦开刀后,终于挽救了危难病人的外科医生。从这些最佳答案来看,快乐包含四个基本要素,即奉献、劳动、爱心、成功。这也就意味着,任何一个怀着爱心去奉献、去劳动而获得成功的人,都有可能是世界上最快乐的人。

2011年网上疯传一个资料:2003~2011年八年间,国内公开报道中有72位亿万富翁死亡,经过梳理,这72位的死亡原因如下。

19人死于疾病,平均年龄48岁,占到26%,是亿万富翁的第一杀手。19人中,9人死于心脑血管疾病(脑血栓、心肌梗死、心脏病),7人死于癌症(肠癌、胰腺癌、肝癌),3人因其他疾病猝死。值得注意的是,这19名因病去世的富豪,平均寿命只有48岁。最年轻的南民,去世时只有37岁,而王均瑶和孙德棣则是在38岁时英年早逝;年纪最大的章胜汉,脑出血去世时也只有59岁。中国人的平均寿命已经超过70岁,亿万富豪病逝的年纪明显偏小。许多富豪是靠勤奋发家,但这个习惯也导致他们将大量的时间放在工作和与工作有关的应酬上,休息与锻炼不够,长时间焦虑、紧张,加速了他们的"积劳成疾"。

17人自杀,平均年龄50岁。72人中,17人主动离开了这个世界,自杀的方式各异,7人自缢,5人跳楼,2人投水,2人服毒。虽然方式各有不同,但决心却是一样的强烈。具体原因,有的是压

## 六 一念间

力太大精神抑郁,精神崩溃;有的是"犯罪事实"即将暴露;有的是因为经营中出现重大问题,资金链断裂后不堪重负。44岁的包头市惠龙商贸有限责任公司董事长金利斌,采取了一种最为激烈的方式——自焚。

15人死于他杀,平均年龄44岁,占被统计人数的20.8%。而每一个被杀害的富豪背后,都有一个血腥的故事。全国工商联副主席、海鑫钢铁集团董事长李海仓,因没有满足"发小"的一些过分要求,被其枪杀在办公室中;临海江海造船有限公司董事长严宝龙,被熟人敲诈未果后,遭遇枪杀;北京祖豹毛皮辅料综合市场董事长周祖豹,因为生意纠纷被自己的生意伙伴雇佣杀手砍死;香港润连国际有限公司、四川鑫泰新实业有限公司董事长陈庆新,在催讨账款中被人雇凶杀死……最惨的大概要算内蒙古祺泰服饰股份有限公司董事长云全民。2005年9月25日,云全民前往公司上班时遭遇绑架。第二天上午,云全民的家人将240万元赎金交给绑匪之时,却不知道云全民已经被两名绑匪残忍地活埋灭口。无论凶手是朋友、生意伙伴还是竞争对手,共同的目的就是一个字——"钱"。人为财死的背后,折射出贫富差距过大的隐患。

14人被处以极刑,平均年龄42岁。14名亿万富豪的死,完全系咎由自取。他们是因为触犯法律而被处以极刑。第一种是因涉黑而获罪。2003年12月22日,沈阳嘉阳企业集团董事长、沈阳市前人大代表刘涌被执行死刑,这个与沈阳高官马向东曾经称兄道弟的黑老大,最终因故意杀人等多项罪名受到法律的制裁。第二种是非法集资、诈骗等行为获罪。东窗事发时,曾给这些人带来巨大光环的钱财,却成了生命中不堪承受的重负。钱越多,刑越重。第三种显然更为低劣。一些富豪在解决纠纷时,放弃法律手段而采取极端措施买凶杀人。最具代表性的是北京建昊集团董事长袁宝璟,拥有数百亿元身家,为了9 000万元的期货投资损失,多次雇凶杀人。袁宝璟在被捕后,曾捐献出价值数百亿的资产,但

不惑之惑

最终仍未能逃脱法律的严惩,于 2006 年 3 月 17 日被执行注射死刑。可见,钱绝对不是万能的。最后一种被执行死刑的富翁,则是因为有钱后放纵自己。如贾宋食品系列集团总经理吴天喜,一直迷信于"破处"能够给自己带来好运和健康,数年间强奸了 24 名未成年少女,被执行死刑时已经 61 岁。这种"滑稽"死法的背后,是众多被害人的终生之痛。

7 人死因定性为意外,平均年龄 50 岁。有 7 名亿万富豪的死因,被官方定性为意外。如 43 岁的新西兰籍富商许伟杰尿液中铊含量严重超标,急性铊中毒,坊间一直在怀疑,许伟杰被投毒身亡的可能性很大。48 岁的大悟盛兴建筑劳务公司总经理谈德武,在一次催讨欠款的过程中,被其司机发现堕楼身亡。台州新星医药化工有限公司的董事长张志信,在自己别墅中的一次爆炸中身亡,警方给出的解释是,可能因化学实验操作不当。这种所谓的"意外"其实不意外,明显是被暗算死亡,也算是死于非命。

看了以上 72 位亿万富翁死亡的原因,各位有什么感想?不错,他们确实有了一般人一辈子都梦寐以求、望眼欲穿的钱财,但是,他们却没有了健康,没有了安宁,没有了悠闲,没有了平静,没有了自由,总之没有了没有钱或钱不多的普通人所享有的一切。而这些富豪们所没有的你都有啊!这一点你想过没有?你没当过富豪你不知道,他们内心深处不知道有多么羡慕你的生活呢!!

别说是亿万富翁了,就是比他们钱少得多的百万富翁、千万富翁日子也好过不到哪儿去。他们小孩子不敢上普通学校,为什么?怕有人绑架;他们自己也提心吊胆,一出门左顾右盼,也是怕绑架,怕遭人暗算。他们一年忙到头没有一天悠闲的日子,他们有无穷无尽的应酬,烦不胜烦又摆脱不了。总之,他不一定有你过得舒心、幸福,而你呢?对自己的所有却又看不见,一心二心羡慕着别人。

## 六 一念间

**3. 有这没那,既有且无,是人生常态,人生总有缺憾**

人不可能什么都拥有,而真实的人生状态是:有这必没那,既有且无;换句话说是既有又没有,你只能拥有你的所有,而不能奢望、不能幻想你的"有"所必然导致的"无"。也就是说,人生总有缺憾,人生不可能两全其美,更不能十全十美。

例如,拿做皇帝来说吧!皇帝,在人们眼里可谓是应有尽有了,所谓"普天之下莫非王土,率土之滨莫非王臣",整个天下都是他的了,还有什么"没有"呢?!但这只是表面,他的"有"之下、"有"之后、"有"之中,仍然是"无"。不信吗?请看事实。

康熙是清代乃至中国历史上特别有作为的皇帝之一,应该说做皇帝做得非常成功。然而谁能想到,他内心深处竟有一肚子苦水。他在《康熙遗诏》中回顾平生,说了一段感人肺腑的话:朕自御极以来,"孜孜汲汲,小心敬慎,夙夜不遑,未尝少懈。数十年来殚心竭力,有如一日,此岂'劳苦'二字所能概括耶?"他羡慕自己的臣子:"臣下可仕则仕,可止则止,年老致政而归,抱子弄孙,犹得优游自适。"然而,"为君者勤劬一生了无休息之日,如舜虽称无为而治,然身殁于苍梧,禹乘四载,胼手胝足,终于会稽,此皆勤劳政事、巡行周历,不遑宁处,岂可谓之崇尚无为、清静自持乎。《易》遁卦六爻,未尝言及人主之事,可见人主原无宴息之地可以退藏,鞠躬尽瘁,诚谓此也。"(见网络"好搜百科")从《康熙遗诏》可以看出,康熙皇帝有了天下,没了清闲;有了权力,没了自由;有了至高无上的皇位,没了普通人的快乐。这就是皇帝的"有"和"无"。他想什么都"有",但每一个"有"的后面、下面、里面都无一例外的跟着一个"无",他虽然权力无限,但却没办法改变事物的辩证法。

仅仅是康熙如此悲苦吗?当然不是,这是皇帝这一职业的普遍特征。有一篇文章叫《中国历史上最不幸的职业是什么?》,答案是皇帝,说他们是中国历史上最不幸的一群人。有以下事实为证。

第一,在中国社会中,皇帝的平均寿命最短,健康状况最差。

有人做过一个统计,历代皇帝有确切生卒年月可考者共有二百零九人。这二百零九人的平均寿命仅为三十九岁多。第二,皇帝群体中非正常死亡比率高。中国历代王朝,包括江山一统的大王朝和偏安一隅的小王朝,一共有帝王六百一十一人,其中,正常死亡的,也就是死于疾病或者衰老的三百三十九人;不得善终的,也就是非正常死亡的二百七十二人。非正常死亡率为百分之四十四,远高于其他社会群体。第三,皇帝群体的整体生命质量较差,生存压力巨大,因此出现人格异常、心理变态甚至精神分裂的几率较常人高许多。翻开二十四史的本纪部分,有近四分之一的帝王传记中,记录有人格异常、心理变态甚至精神分裂的表现。

看看,这就是皇帝的生命、生存、生活真相。不看不知道,一看吓一跳,原来皇帝的生命真相是如此的令人恐怖。这说明了什么呢?说明天下没有两全其美的事,更没有十全十美的事,人生总有缺憾。人们常说,上帝为你关闭了这扇窗,就一定会为你再打开另外一扇门。这话一般是用来鼓励失意的人的。但这句话我们可以反其意而用之:上帝在为你打开一扇窗的时候,他就一定会为你关上另一扇门。他不可能为你既开窗子又开门,哪怕你是皇帝。上帝对每个人都是公平的,有所得必有所失,有欢乐必有痛苦,反之亦然,谁也逃不脱命运的辩证法。这一道理就启示我们,你就珍惜并安心享受你所拥有的吧!别梦想什么都有什么都要了,什么都有什么都要是绝不可能的。

## (四)爱与恨

这是一个老掉牙的题目,然而却又是一个常讲常新永远有魅力人们永远愿意听的话题。在讲这个题目之前,先讲一个网上下载的寓言故事——《少女,还是老虎?》

很多世纪以前,有个奇怪的国王。他固执、自信、不可一世,但想象力极其丰富,简直令人吃惊。发挥这天才想象力的

## 六 一念间

最好的地方,便是闻名全国的公共竞技场。

在这里,对罪恶的惩罚,对美德的奖赏,都是由一种不持偏见、不可收买的天意所判决的。当一个臣民被指控犯了足以引起国王注意的罪恶时,就有通告发出:某天将在国王的竞技场上决定被告的命运。

这一天,当所有人聚集在看台上,被大臣前呼后拥的国王坐上竞技场那高高的宝座时,他便发出一个信号。他坐下的一个门就打开了,被告从门里走出来。被告的对面有两个完全一样的门。被告必须走过去打开其中一扇门。谁也不准指点他或给他做出任何暗示,开哪个门完全由他自己决定。其中一扇门后会有只饿虎向被告猛扑过来,把他撕成碎片,这就是对他罪恶的一种惩罚。如果被告打开的是另一扇门,从门里就会走出一个少女,这个少女的年龄和他相当,是国王从他的国家里最漂亮的姑娘中挑选出来的,作为对他无罪的一种奖赏,这个少女今后就成为他的妻子。这时,国王就会下令奏乐,于是婚礼就在竞技场举行。

这就是国王发明的绝妙好主意!要知道,罪犯根本不知道少女会从哪扇门后走出来。一切全凭天意,不是娶新人,就是喂老虎。

国王有一个非常漂亮的女儿,她是国王的掌上明珠,公主像她的爸爸一样,喜欢神秘和冒险,国王的竞技场是她最喜爱的娱乐场所。

在这个王国里,有个青年和公主深深相爱。国王的女儿对自己的情人十分满意,因为他俊秀而勇敢。他们疯狂地相爱着,直到有一天国王发现了这个秘密。国王毫不犹豫地把公主的情人投入监狱,并依照惯例,安排他于某天在竞技场里接受审判。这真是举国轰动的大事。所有的人都对将要到来的审判抱着极大的兴趣。

### 不惑之惑

规定的日期来临了！观众密密麻麻地塞满了环形看台，竞技场的围墙外也挤满了成千上万的人。国王和大臣们各就各位，正对着那两扇如此相像、生死攸关的可怕的门。

一切就绪了，青年走进了竞技场。他高大、俊秀、仪表堂堂。四周发出一阵低低的惊叹声。青年走进后，转过了身。照例，他应该向国王行礼。但这个青年根本就没考虑这位显贵。他的目光集中在国王的右边，那是公主。自宣布了她的情人的命运将要在国王的竞技场决定的那一刻起，她整日整夜都在想着这件事，而且最重要的是她已掌握那两扇门的秘密。她知道门后的两间房子里，哪一间有老虎，哪一间是一位少女在等待。而且，还不止这些，她还知道这位少女是谁，她是一位大臣的可爱的女儿。公主恨她，她曾多次看见这个少女朝自己的情人暗送秋波，她还不时地看他们在一起窃窃私语。也许他们谈论的是一些无关紧要的话，但那又有谁知道呢？公主带着那野蛮祖先传下来的强烈、残酷的感情，仇恨着关在房子里的那位窘迫、颤抖的少女。

她的情人转过身看她，他们的目光碰在一起，她的脸色变得十分苍白。通过心灵深处的直觉，他明白她知道了两扇门后面的秘密。他感到有了希望。接着，他便用那焦急而忧虑的目光问道："该开哪扇门？"这目光对她来说，如同他站在那儿大声喊着问她一样清楚。时间分秒不能耽误，必须立刻作出回答。她的右手放在前面蒙着布垫的栏杆上，没有抬胳臂，迅速地将手指向右方动了一下。除了她的情人以外，谁也没有留意。

他转过头，步伐坚定而迅速地走过竞技场空旷的地面，每双眼睛都看着他，每颗心都停止了跳动，每个人都屏住了呼吸……他毫不犹豫地朝右边那个门走去，并且把它打开了……

现在问题是：从门里出来的是老虎呢，还是少女？

## 六 一念间

公正的读者,请你想一想,不要站在局外的立场,而要站在这位坠入情网的公主的立场。公主的心,在绝望和妒忌的火焰中到了白热化的程度。她已经失去了他,谁还应该占有他呢?是老虎,还是少女?

在她醒着和在梦中的时候,恐怖和忧虑经常不断地侵袭着她。当她想到她的情人把门打开,面对着凶残的虎口时,她常常吓得用双手把脸捂起来,陷入极度的恐惧中。

然而更经常梦到的,还是她的情人打开了少女那道门。当她看着他以重获新生的愉快心情,领着那少女走出时;当她看到在喜庆的钟声里,他们在满是鲜花的道路上结伴而去时;当她听到自己发出的一声悲惨的喊叫却湮没在万众的欢呼声中时,她是何等痛苦地咬着牙,撕扯着自己的头发!

让他马上就死,先一步去天堂等她不是更好吗?

然而,那可怕的饿虎,那声声惨叫,那斑斑血迹……

但是,公主没有丝毫迟疑.她毫不犹豫地把手指向了右边那扇门。

公正的读者,这个难解的谜就留给你们:从门里出来的是什么?少女,还是老虎?

如果你是那位公主,你会选什么呢?少女吗?呵呵,也许是老虎,谁知道呢?

听了以上故事你有什么感受?你认为公主的情人打开的是老虎还是少女?其实答案很明确,字里行间已经暗示是老虎。故事是要告诉我们,世人都追求爱,尤其是男女之爱,希望爱情真挚、热烈、持久,然而谁能想到,爱的背面、后面,甚至中间,竟蕴藏着恨的影子。爱和恨常常是一枚硬币的两面,爱和恨常常只是一线之隔。因为太爱你所以无论如何要得到你,我得不到你也不能让别人得到你,所以我得不到你就要毁灭你。虽然知道这太残忍了点,但是,激情中的人谁还顾得上那么多啊!毁灭了你我会后悔,会自责,会痛不欲生,甚至以毁灭自己来报答你。但现在顾不得那么多了,请你原谅我吧!这就像莎士比亚笔下的奥赛罗的名言,正因为我爱你,所以我才要杀了你。这真是让爱情理想主义者、爱情至上主义者唏嘘感叹。

这现象、这道理一点也不新鲜,而是非常陈旧或者说非常古老。古今中外文学艺术作品和现实生活中时时刻刻都在上演着类似的悲剧。

例如,两千多年前的古希腊人就已经清醒地认识到这一点并把它们表现在艺术作品中。古希腊著名悲剧作家欧里庇德斯的《美狄亚》讲的就是这个道理。

美狄亚本是科尔喀斯国王的女儿,还是月亮神庙的女祭司,精通法术,本领高强,而且富有智慧,敢作敢为,在遇上伊阿宋之前过着无忧无虑幸福安宁的生活。伊阿宋是伊俄尔科斯的合法王位继承人,但是他的叔叔阴谋篡夺了他父亲的王位,并把他们父子赶出国门。伊阿宋长大成人后要求叔叔归还王位,叔叔答应只要他能取来金羊皮就把王位还给他。金羊皮是传说中的稀世珍宝,象征财富、幸福和尊贵。于是伊阿宋召集许多英雄豪杰一起来到视金羊皮为国宝的科尔喀斯国。国王同意把金羊皮给他,但提出的条件是给他两件非常苛刻可以说任何人都完成不了的事让他做。正常情况下伊阿宋是根本无法完成的,但巧的是国王的女儿美狄亚被伊阿宋的英雄气质所吸引,疯狂地爱上了他,答应帮助他。但帮助的条件是要伊阿宋对天发誓成功后要娶她为妻,带她一起去希腊,而且终生对她忠贞不渝,永不变心。伊阿宋宣誓答应了美狄亚的条件。在美狄亚的帮助下伊阿宋完成了国王要求的两件事,顺利取得了金羊皮。就在他们准备离开之时,美狄亚的父亲带着她的哥哥追杀过来,不许美狄亚跟伊阿宋出走。无奈之下美狄亚杀死了哥哥,并将尸体砍成碎块扔进海里,趁父亲忙于拣她哥哥的尸块之时匆促逃离家乡来到希腊。回国后伊阿宋的叔叔出尔反尔不

## 六　一念间

兑现承诺，美狄亚又使用毒计害死了他。但美狄亚和伊阿宋二人报仇的手段过于残忍，引起国人痛恨，被驱逐到另一个国家科林斯。在科林斯两人幸福地生活了几年并且还养育了两个乖巧可爱的儿子。然而好景不长，自私的伊阿宋贪图权势，为了科林斯的王位，要遗弃美狄亚和孩子，准备与科林斯国王的女儿结婚，还要求被驱逐出境。美狄亚百般规劝伊阿安回心转意无效终于绝望地下决心报复他。美狄亚先是设计害死了即将和伊阿宋结婚的公主，国王来抢救时也跟着被害。最后，为了惩罚狠心的伊阿宋，美狄亚又咬牙亲手杀死了她和伊阿宋生的两个可爱的儿子，并带着孩子的尸体乘龙车飞上天空，伊阿宋赶来请求留下孩子的尸体让他埋葬，美狄亚不同意，在伊阿宋的痛哭声中，美狄亚的龙车从天空飞走了。

　　不知各位听了这个故事心里什么感受。我的感觉是惊心动魄，极为震撼。由此我们可以体会爱情这种感情的浓度、深度、强度、烈度；体会到有人说的，浓情烈爱与丰功伟业都蕴含着极大风险；体会到爱与恨之间的转化轨迹。

　　美狄亚为了爱情，可以欺骗父亲，可以杀死兄长，可以背叛祖国；为了爱情可以残忍地杀死丈夫的敌人，作为一个女人，她为爱情的付出可以说够大了吧！由此我们知道爱情的力量竟然如此之大，大到不可思议、不可想象，让人害怕，大到超出常情常理，然而又符合爱情的心理。但是，也正因为爱得深爱得烈，所以当丈夫背叛自己的时候她的恨也就同样的深同样的烈。抛出的力量有多大，反弹的力量也就有多大，二者是相伴相随相反相成的。

　　让我们再讲一个中国现代文学中由爱转恨的例子。曹禺的《雷雨》中的繁漪，是封建思想极为浓厚的资本家周朴园的妻子，像养在笼子里的金丝鸟，她过着极为孤独寂寞的日子，周朴园对她专制、蛮横、毫无感情可言，她没有自由，没有快乐，郁郁寡欢，形同僵尸。周朴园的大儿子周萍从农村回到周公馆，周萍理解和同情繁漪的苦恼和郁闷,两人心灵开始靠近,最后竟至发展为乱伦的情人关系。蘩漪从周萍身上看到了生活的希望,感情投入很深。然而这种非正常的关系让周萍感到恐惧不安,他想摆脱这种关系,他移情别恋爱上了家里清纯自然的女仆四凤。为了摆脱蘩漪,周萍要离家出走。蘩漪知道后非常惊慌,她苦苦哀求周萍带她走,甚至卑躬屈膝,同意把四凤也带去三个人一同生活。但她的要求周萍是无论如何也无法满足的,周萍坚决地拒绝了她。蘩漪看到周萍的决绝,深感绝望。她得不到的东西她也不会让别人得到,她一定要毁灭它,于是她决心要报复和惩罚周萍。周萍与四凤约会,她采取盯梢、关窗户、告密、锁门等差不多是流氓的手段让他们丢人现眼,甚至把自己的亲儿子周冲也当成了实施报复的工具。她宁肯同归于尽也不愿看到他和四凤"幸福"地出走。她当着全家人的面揭露了她和周萍的乱伦关系,迫使周朴园认下了四凤,这让周萍和四凤之间又多了一重乱伦关系,四凤是周萍同母异父的亲妹妹。这对周萍的精神打击是致命的,周萍精神崩溃随即自杀。蘩漪的报复导致了多米诺骨牌式的连锁反应,四凤明白真相痛苦万分触电身亡,周冲赶去抢救也跟着触电毙命,蘩漪本人也没有料到如此严重的后果,精神分裂发疯,周朴园从此一蹶不振,一个自认为"最圆满最有秩序"的周家彻底毁灭。

《雷雨》和《美狄亚》一样,女主人公爱情受挫、爱而不得转化为恨,恨导致报复,报复导致家破人亡,惨烈之极。

以上两个例子是艺术作品,带有虚构的性质。下面我们再举一个离我们更近的现实生活中的例子。从二十世纪八十年代过来的人都知道当时有一个著名的童话诗人顾城。顾城天真任性,喜欢幻想,追求纯情浪漫,向往纯净无争的世外桃源,因而不通俗务,甚至不能自己照顾自己,与现实格格不入。他的妻子谢烨对他十分理解十分包容,对他有着母亲般的无微不至的照顾。顾城带谢烨来到新西兰隐居,在那个南太平洋的遥远的小岛上创建自己的

## 六 一念间

家园,他想完全脱离喧嚣的世界,在这里他们过着完全自然化的绿色生活。但孤岛的生活毕竟是寂寞的,日常的生活也是琐碎和沉闷的,于是宽容大度的谢烨有了一个常人无法理解的举动,她主动帮助顾城的情人英儿来到小岛,这里成了三人世界,等于顾城过起了一妻一妾的生活。情人的到来让顾城兴奋异常,激发了他作为男人的生命热能,他和英儿鱼水和谐,身心激荡。但是英儿的身份毕竟尴尬,她希望顾城做出选择,给自己一个合法的地位,换句话说,让顾城与妻子离婚与她结婚,但顾城做不到这一点,他希望两个女人像姐妹一样的互相理解互相关照,他想建一个人间的理想国。

然而,人性潜意识中的占有欲是不可战胜的,爱情的领地从来都是寸土不让的,因而英儿心中渐渐积累起恨的情愫。谢烨对于顾城对英儿的依恋恩爱也始料不及,她丧失了作为妻子的全部主权,于是沉睡的自我保护的本能不可避免地抬头了。一个偶然的机会,谢烨劝顾城离开小岛到德国写作,留下英儿一个人守着孤岛。英儿感到极度的失落,感到肝肠寸断,她说我的心碎了,我的血液里都是干燥的火焰,这火焰很快由怨恨变为了复仇,她终于离开了小岛追求自己的自由。顾城听说英儿离岛像发疯一样的后悔,他悲伤欲绝,这让谢烨更受打击,更加失落,她感到自己在顾城心中的地位已经失去,她的心已经伤痕累累,她的忍耐也达到了极限。最终绝望的她在德国遇到了自己的所爱,可以想象,这个多年来忍辱负重的与怪癖的天才相陪的妻子,这个长期扮演着母亲的角色不得不把天性深深压抑的女人,一旦打开了爱情的闸门,其掩盖很久的爱与恨的滚滚岩浆是怎样汹涌地喷发。无论伤痛的顾城怎样忏悔与企盼,她也坚决不肯再有半点通融了——她一定要离开他。对崭新生活的憧憬压倒了一切,她甚至在写给亲友的信里毫不掩饰对顾城深深的厌恶,直截了当地说:我希望他早点完蛋。然而这个曾经那么宽容的妻子没能看到顾城倒在她的决绝之中,却不幸在她的新爱即将到来之时与彼此怨恨的丈夫同归于尽了。——顾城于极度绝望和愤恨之中杀了妻子并自杀,演出了一场文学史上最为惨烈的悲剧。

从顾城的故事中我们能读出些什么呢?有论者分析说从这里可以读到生命深处难以抹去的爱与恨的两大本能。人性和生命里,最富悲剧感的是爱,爱的悖论体现在它既是人性完美的追求,也暗藏着致命的毒刺。当爱不小心碰到那根神秘的毒刺,便极易触及死亡的帷幕。

从美狄亚、繁漪到顾城,都是很惨烈的爱情悲剧,都是由极度的爱转化为极度的恨的典型。那么为什么爱总是伴随着对同一对象的恨呢?或者换句话说,爱到底是怎样转化为恨的呢?有专家分析说,性本能滋生了不可抑制的爱的渴望,渴望与对方融为一体;自我保护的本能却又时刻警惕着对方可能给自己的伤害,一旦遭遇伤害,怨恨便不可遏制地生发出来。爱与恨这两种极端的甚至是势不两立的感情就这样奇妙地交织在一起、难以离分。话说得再白一点,爱的本性是希望占有,希望独占,一旦占有不了就觉得受了伤害,就转化为恨。爱越深恨越深,发展到极端往往就是或死或伤的悲惨事件。

以上说的仅仅是爱情这种特别强烈的爱的类型,其他强度稍稍弱一点的感情,如父母与子女或兄弟姐妹之间的亲情,本来缘自血缘,常言说血浓于水,应该更牢固,但是一旦涉及利益,亲情也往往会转化为仇恨直至凶杀。直让人扼腕叹息!

要想避免这类由爱转恨的悲剧发生,最重要的是要多一些冷静或者说是理性。当然,爱情是非理性的,但终究不能离开理性。没有理性约束的爱情,任凭感情狂涛巨浪一样的肆虐,常常会冲垮堤坝造成灾难的。爱情似火,固然可以给人温暖,但飙升的烈焰也可以烧毁一切。所以,爱情至上,爱情就是一切,有爱就可以不顾一切,过把瘾就死等观念是不可取的。

## (五) 成与败

如今,人们都把"成功"挂在嘴上,当作奋斗目标,社会也以此作为评价人的标准。考察起来,似乎还没有哪个时代哪个社会全民如此普遍追求成功的。成功!成功!!成功!!!成功像一匹饿狼,把人追得筋疲力尽,狼狈不堪,它让谁都活得不痛快。那么这到底是怎么了?到底船在哪儿湾着呢?我们试着做一点分析。

1. 怎样才算成功

电视连续剧《我的青春谁做主》提出了这一问题,并给出了自己的回答。剧中人物的成功观比较有代表性。第一种是商人杨尔的成功观,她认为成功的标志有两个,一是有钱,二是社会承认,只有做到这两条才算成功。第二种是杨尔的女儿李霹雳的成功观,她认为成功就是实现自己的理想,而实现自己的理想就是自我实现,自我实现就是最大的快乐。在这里,理想、自我实现、快乐三位一体。杨尔认为自我实现与社会认可并不矛盾,你把自我实现了,同时又获得了社会认可,岂不两全其美?但女儿并不这样认为。她认为母亲追求的还是社会的认可,而她要追求的是"真正的自我,社会爱认不认"。她说:"财富、地位是你希望我获得的,我自己不想,有没有无所谓。""我不想被名利驱使,呕心沥血就为盖棺论定时被人冠以'伟大、著名'一类的虚词儿,我要为自己活,做喜欢的事,哪怕它换不来功成名就,在别人眼里一钱不值,我只图自己快乐。"

关于成功的标准,母女俩唇枪舌剑,谁也说服不了谁。一个坚持社会认可,一个坚持自我实现,各有道理,体现了两种比较有代表性的人生观和价值观。如今是价值观多元化的时代,所以都有存在的理由。虽然都有存在的理由,但又都各有所偏。一个以"社会"为标准而遮蔽了"自我",一个以"真正的自我"为标准而遮蔽了"社会"。这两种成功观里一个共同的可怕倾向是忽略了成功所必不可少的价值标准。少了价值标准，所谓成功就缺失了灵魂。

例如，有钱有名有社会地位，那么他\她的钱、名、社会地位是怎样得到的呢？利用种种非法的、卑鄙无耻的手段照样可以得到这些的啊！这种成功值得羡慕吗？如果这也引起羡慕，那这个社会的思想意识就值得检讨了，人的价值观念和是非标准乱套了。可惜今天的社会状况就有些让人忧虑。再如，所谓的自我实现，具体内容是什么呢？有少部分人的"自我"其实就是"自私"的代名词，极端个人主义的代名词。这种人也可能实现自我了，但这种自我实现值得提倡吗？！

可见，所谓的成功，标准是大不一样的，我们要有所分析，而不必一窝蜂地随波逐流，追求有钱有势有地位，被世俗标准所绑架。人一旦被世俗观念所裹挟，就从此没有了快乐，因为那些东西是永无止境的，你永远达不到最高，所以你就永远处于痛苦中。

2. 成功的原因是多方面的，你不一定全能做到，所以对所谓的成功与否别太在意

网上有一个帖子，标题为"如果你有五十万，买房，还是创业？"，内容为："1998年，马化腾找了5个兄弟，凑50万元做了腾讯，没买房，所以，有了今天的QQ。1998年，史玉柱向朋友借了50万元搞脑白金，没买房；1999年，漂在广州的丁磊用50万元创办163，没买房；1999年，26岁的陈天桥炒股赚了50万元，创办盛大，没买房；1999年，马云团队18人凑了50万元，注册阿里巴巴，没买房……如果当年他们用这50万元买了房，现在可能贷款都没还完。"这个帖子列出了五个驰骋中国商界的财富巨人，个个都身家数亿、几十亿乃至几百亿，都是社会公认的成功人士。而他们的创业历程至今也才不过十多年。他们的成功固然各有各的道路各有各的秘诀，但是毫无疑问，其中最重要的一个客观原因是，他们的成功正好赶上改革开放的社会大趋势，离不开互联网刚刚出现，中国亟待发展的千载难逢的机遇。不信试试，现在给你五十

## 六　一念间

万,甚至五百万,你也去办一个类似的网站,看还有可能没有?大概不行了。机遇过去了,再也回不来了。这说明成功离不开客观因素。但仅有客观因素也是不够的,还需要智力和非智力的主观因素,如德、才、胆、识等。当年和史玉柱、马化腾一样懂计算机和网络的人多了,都从1998～1999年走过,怎么没有也去办一个网络公司呢?这就是主观因素的作用了。

　　这就说明,成功需要主客观多方面复杂因素的相互作用,缺少其中一项就无所谓成功。这些条件你不一定全具备,你也别太遗憾。在成功的道路上,你掌握得了自己掌握不了别人,掌握得了主观掌握不了客观,掌握不了社会,有时甚至你连自己都未必掌握得了。在这种情况下,你所能做的就是尽人事以听天命。只要你自己尽全力奋斗了,努力了,也就够了,可以心安了。成功更好,不成功也罢。千万不要老是羡慕别人,老是埋怨自己的时运不好,老天爷不给自己机遇,把不成功或者失败的责任统统推在客观条件上,从不检讨自己,如果这样,你就永无快乐之时。

　　3. 树立理性、健康的成功观

　　什么才是理性、健康的成功观呢?这里我向大家介绍电视剧《我的青春谁做主》中资深教授郎心平的成功观。她的外孙女赵青楚是个律师,表示要做社会地位、心理满足、赚钱三合一的成功者。郎心平说,"这三个里面,最重要的就是心理满足,未必当什么'成功'律师,但一定要做个'好'律师。"

　　在这里郎心平突出强调了"心理满足"这一内在的、谁也看不见的成功标准。谁也看不见,"如鱼在水,冷暖自知",这就有别于杨尔的财富、地位之类单纯的外在的社会标准,也不同于李霹雳单纯强调"自我"的个体标准。因为郎心平所说的"心理满足"中既包含了自我实现,也暗含了更为重要的社会标准——"好"。这个"好"的内涵包括社会道德、社会良知、社会文明,是一种更高、更深沉、更内在,因而也更文明的标准。赵青楚听懂了"好"的内涵,从此之后一直谨记姥姥这句话,在日后漫长的职业律师生涯里,她反复甄别"成功"与"好"的区别,并身体力行,不但追求成功,更追求"好"。

郎心平教授强调的"心理满足",除了"好"的社会意义之外,还有一层更为内在的心理体验——过程的体验。她对赵青楚说:"现在社会给人灌输的成功观念太单一,你们年轻人追求的无外乎是赚钱、成名,给自己贴上成功的标签,千篇一律、千人一面,这是典型的唯结果论。其实不是所有得到结果的都成功,也不是没结果的就失败,我一辈子的体验,是成功藏在过程里,将来回头看,乐趣不在最后撞线那一下。结果是买东西的赠品,好了算赚的,不好也没什么。"

这是一种典型的哲学、美学层面的体验,一种形而上的体验。注重过程是20世纪西方的哲学、美学思潮,是一种崭新的人生观。这种人生观是对传统人生观的批判和超越。传统人生观注重结果——名、利、权、位、物等众目睽睽看得见的东西,得到了,得意忘形,得不到,灰头土脸。为了得到所谓的成功,许多人一辈子疲于奔命,狼狈不堪,结果以失败而告终。因为,山外有山,天外有天,名、利、权、位不封顶,相比之下谁都是失败者。传统成功观置所有人于永远的痛苦之中万劫不复。现代人醒悟了,他们把目光从结果转向过程——对待生活一定要重生存而不重占有,重过程而不重结果,重体验而不重功利,在感受和体验中享受人生,开创人生。郎心平的"成功藏在过程里"的成功观,就是对传统成功观的颠覆。

如果按"好"和"过程"的标准衡量,如今社会上某些张牙舞爪的所谓"成功人士"够不够"成功"可能还是问号。君不见,多少人为了所谓的成功不择手段,出卖灵魂,危害社会,危害他人。这些人的所谓成功毒害了社会,扰乱了人心,也毒害了他\她自己。

对成功问题进行过深入思考的周国平先生,曾经把成功分为伟大的成功与伟大的失败,渺小的成功与渺小的失败。他说,成功是一个社会概念,一个直接面对上帝和自己的人是不会太看重它的,在上帝眼里,伟大的失败也是成功,渺小的成功也是失败。和剧中人物郎心平教授一样,周国平看重的也是成功的性质,成功的质量,他们都和粗鄙的成功观划清了界限。

若干年前有圣贤曾激愤地说过,自由,自由,多少罪恶假汝以行!如今,我们也可以套用这句话说,成功,成功,多少罪恶假汝以行。面对甚嚣尘上的粗鄙成功观,该是冷静反思的时候了,该是推广和普及郎心平的成功观的时候了。什么时候人们注重内心体验,把"好"作为成功的重要标准了,什么时候社会的精神文明就进了一步,社会生活中那些矫情浮华、乌烟瘴气就会少一些。

## (六)对与错

世界上有许多事,按常规、惯例看,分明是对的,但换个角度看,却是错的。对与错,常常就是个观念问题。道理不须多讲,举几个例子吧!

### 1. 孔子的批评

春秋时期,鲁国有这样的法规:凡是鲁国人到其他国家去旅行,看到有鲁国人沦为奴隶,可以自己垫钱把他先赎回来,待回鲁国后到官府去报销。官府用国库的钱支付赎金,并给予一定的奖励。

孔子的学生子贡是很会预测市场的,他从事商业活动,赚了很多钱。子贡到国外去旅行,恰好碰到有一些鲁国人在那里做奴隶,就掏钱赎出了他们。因为自己的钱多,回国后就没有声张,也没有到官府去报销所垫付的赎金。那些被赎回的人把情况讲给众人,人们都称赞子贡仗义,人格高尚。一时间,街头巷尾都把这件事当作美谈。

孔子知道后,严厉批评了子贡,责怪他犯了一个有违社会大道的错误,只为小义而不顾社会大道。孔子说,你没有到官府去报销

不惑之惑

赎金而被人们称赞为品格高尚,那么其他的人在国外看到鲁国人沦为奴隶,就要对是否垫付钱把他赎出来产生犹豫。因为垫钱把他赎出来再去官府报销领奖,人们就会说自己不仗义,不高尚;不去官府报销,自己的损失谁来弥补。于是乎,多一事不如少一事,只好假装没看见。你这么做,突破了鲁国的法规,今后鲁国人在外国当奴隶,再没有人去赎了。在这里,不拿钱是不义,拿钱才是义。从客观上讲,子贡的行为妨碍了更多的在外国当奴隶的鲁国人被赎买回来,使得鲁国的法规形同虚设。

孔子的另一个学生原宪。他家里很穷,后来勤奋读书当了官,他第一次领薪水时觉得九百薪水太多,不要。孔子知道后批评他,告诉他不要是不对的。如果自己消费有剩余,那也可以用于周济周围的贫困者。不接受正常的薪水,也是不义。

孔子还有一个学生子路,救了一个落水的人,那人用一头牛来表示感谢之情,子路不接受,经孔子批评后又接受了。当时,一头牛的价值十分昂贵。孔子说:做好事有回报,今后鲁国人一定很热心于拯救落水的人。

总之,两千五百年前的孔子,不愧为一代贤人。他能透过个人的看似高尚的行为看到普遍的规律性的制度的作用,认为个人的行为对社会的作用没有普遍的规律性的制度对社会的作用大,不能以看似高尚的个人行为代替普遍的规律性的制度。

2. 好人陷阱

时间:2011年4月9日10:34 来源:《心理月刊》作者:连岳

某地发生凶案,迅速抓到杀人嫌犯,证人证词一应俱全,就是他干的,他无论如何喊冤都没人听,可他确实是冤枉的。侥幸逃脱的真凶也良心难受,于是他去向一个神父忏悔,说出来后,果然好多了。

可这神父受不了了,他只好去向另一个神父忏悔,以缓解自己承受的压力。每个知道这个邪恶秘密的神父都去找另一个神父忏

## 六　一念间

悔,最后,全国的神父都知道了这个秘密,可是法官无法得知真相。

行刑的那天,被冤枉的人哭着对神父说:真不是我干的……

神父说:孩子,我早就知道不是你干的。

这叫一个泪奔泪流啊。

这个故事是把某种逻辑推演到极致:听人忏悔的人必须保守他人的秘密,这样忏悔制度才能保存。如果你为了救一个人而破坏它,搞得人人从此不再相信神父,那么,现实将变得更坏:不仅真凶,所有人都不会来忏悔了,而蒙冤者照样要死。

一个社会应该避免落入"好人陷阱",即太爱当好人,从而越了界,最后把整个社会搞乱。应该鼓励人人把自己分内的事做好。盖茨在经商时,在商言商,毫不留情,所以成为世界首富;身份转换成慈善家后,又倾囊而出,立地成佛。他若在经商时只想当好人,可能不得不破产,最后世界也得不了他的好。

再说一个早年的故事,国门刚开时,有人出洋留学,每日早起做好事,自觉把一些公共场所的卫生给打扫了,干了很久,也没人赞扬他,一怒之下不干了。结果同学来质问他:你今天为什么不打扫卫生了?解释了半天,别人还是理解不了。你干活,应该就是收了报酬,不然你替别人免费干活,那个原本应该做事的人就在骗取工资,而雇主又犯下监管不力的错,你一个好心,把所有事情都搞乱了。

后来,终于有人提醒大家过海关时不要帮他人拿东西,无论看起来多吃力,多么苍老可怜——他的包里,说不定就有毒品等着闯关,被查到了,就是你去坐牢,查不出,你就帮贩毒集团做了好事。

圣人不死,大盗不止。这句话是有道理的。王小波先生原来说过,宣传一个无偿给人理发的人,就制造了一百个贪小便宜的人。社会总的道德水准就下降了。

尽本分是最大的好,哪怕你这个神父越界了可以平一起冤案,也不要冲动。

不惑之惑

## （七）迷与悟

迷与悟二字，往往和佛教有关，迷即痴迷，执着，想不开，困到世俗的传统观念中；而悟即想开了，有了智慧了。这里我们把佛教的迷与悟推衍到普通老百姓的日常生活中来，迷就是没想通，悟就是想通了，思想观念解放了，思维方法改变了。思想上由阴转晴、由暗转明了。这里没有更多道理好讲，讲几个实际例子就明白了。

1. 天堂与地狱

一位将军在出巡中，去松荫寺拜访禅师，问道："佛教里讲有地狱和极乐世界，真的有天堂和地狱吗？"

禅师不答，却问他："你是一位将军，是吗？""我是一位将军。"将军点头答道。"将军要像将军的样子，问什么有没有天堂地狱，真是多嘴多舌。怎么，你怕地狱？"将军好生纳闷：这和尚真是太无理了，我是真心向你请教的，你怎么这样对待我？！禅师猜到了将军的心理，问他："怎么，你发火了？胆小鬼！"将军怒火上冲，脸上一阵红，一阵白，不由得用手握紧了剑柄。看到这种情景，禅师声色俱厉地说："你看清楚了吧，地狱之门由此打开。"将军终于醒过神来，为刚才的失礼向禅师道歉。禅师笑道："天堂之门由此洞开。"将军由此开悟。

2. 苏东坡与禅师

苏东坡在黄州时，有一天，诗兴来了，做了一首赞佛的诗：

稽首天中天，毫光照大千；八风吹不动，端坐紫金莲。

这是一首意境很高的诗，不是对佛法有相当的造诣，绝对写不出这样的好诗。苏东坡写好了这首诗，自己反复吟哦，觉得非常满意。这时，他想起了好朋友佛印禅师来，他想禅师如果看到这首诗，一定会大大的赞赏一番，甚至会拍案叫绝。于是，他立刻把那首诗抄在诗笺上，用信封封好，叫佣人送去长江南岸的归宗寺，给佛印禅师看。佛印禅师读到苏东坡的诗时，并不如苏东坡所预料

## 六 一念间

的赞赏一番,或拍案叫绝,反而感到很需要给他一个当头棒喝。于是,他在那首诗的下端,批上"放屁"两个大字,交给佣人带回黄州。

在黄州的苏东坡,自从佣人去后,便沾沾自喜地等待着。他满以为佛印禅师看到那首诗时,一定会大大地赞赏,佣人回来了,他迫不及待地问:"师父看了怎么说?"佣人说:"他没说什么,只在你的诗笺上写一些字,叫我拿回。"佣人说着便把那封诗信交给苏东坡。苏东坡打开信封,抽出诗笺,看到那首诗的下端批着"放屁"两个大字时,不禁无明火升起三千丈,勃然大怒起来!连喊"岂有此理!"心想我这首好诗,你不懂欣赏也罢,竟然骂我放屁,真是太过分了!于是,他决定马上雇船过江亲自去跟佛印禅师评理。

苏东坡来到寺院,气呼呼地要找佛印禅师算账,哪知禅师早已吩咐说:"今天不见客。"苏东坡听了,火上浇油,再也忍受不住了!他不管三七二十一,三步并做两步地一直奔到佛印禅师的方丈室来,他看方丈室的门掩着,正要举手敲门进去时,忽然发现门扉上贴着一张字条,端正地写着:

八风吹不动,一屁过江来。

苏东坡看到这两句,立刻就醒悟了,心里暗暗叫道:"我错了!"

3. 林则徐的金钱观

历来的人们,尤其是富人,一心一意攒钱,不舍得吃不舍得花,千方百计想为儿女留下万贯家产,以为这就是对儿女最大的爱。但你知道明智的人是怎么做的么?我们都知道虎门销烟的民族英雄林则徐,童年贫苦,升至高官后仍保持清俭的习惯。有人劝他在任时多捞点钱财留给子女,让子女无后顾之忧。但林则徐达观地说:子孙若如我,留钱做什么,贤而多财,则损其志;子孙不如我,留钱做什么,愚而多财,益增其过。也就是说,子女如果像我一样,根本不用留钱,他们自己会挣,留了反而让他们懒惰丧志;子女愚笨无知,财产可能会助其干坏事。总之,儿孙自有儿孙福,让他们自己努力去。这是多么豁达、理性的金钱观啊!

4. "六尺巷"的来历

　　清朝时期,宰相张廷玉与一位姓叶的侍郎都是安徽桐城人。两家毗邻而居,都要起房造屋,为争地皮,发生了争执。张老夫人便修书北京,要张宰相出面干预。这位宰相到底见识不凡,看罢来信,立即作诗劝导老夫人:"千里修书只为墙,让他三尺又何妨?万里长城今犹在,不见当年秦始皇。"张母见书明理,立即把墙主动退后三尺;叶家见此情景,深感惭愧,也马上把墙让后三尺。这样,张叶两家的院墙之间,就形成了六尺宽的巷道,成了有名的"六尺巷"。张廷玉失去的是祖传的几分宅基地,换来的却是邻里的和睦及流芳百世的美名。

5. 庄子的陪葬品

　　庄子将死,弟子欲厚葬之。庄子曰:"吾以天地为棺椁,以日月为连璧,星辰为珠玑,万物为赍送。吾葬具岂不备邪?何以如此?"弟子曰:"吾恐乌鸢之食夫子也。"庄子曰:"在上为乌鸢食,在下为蝼蚁食,夺彼与此,何其偏也!"

　　庄子快要死了,弟子们打算用很多的东西作为陪葬。庄子说:"我把天地当作棺椁,把日月当作连璧,把星辰当作珠玑,万物都可以成为我的陪葬。我陪葬的东西难道还不完备吗?哪里用得着再加上这些东西!"弟子说:"我们担忧乌鸦和老鹰啄食先生的遗体。"庄子说:"弃尸地面将会被乌鸦和老鹰吃掉,深埋地下将会被蚂蚁吃掉,夺过乌鸦老鹰的吃食再交给蚂蚁,怎么如此偏心!"

　　庄子穷了一辈子,但他是不折不扣的精神富翁。他物质困窘但精神自由而潇洒,他一辈子活在快乐和幸福中。

# 结　　语
## ——人永远走在有惑解惑的旅途上

本书不知不觉一口气列出六个系列若干个"你不问我还清楚，你一问我反倒糊涂"的"不惑之惑"，列举完了吗？那怎么可能！实事求是地说，这类问题是无穷无尽、数不胜数，永远也列不完的。无论你列出了多少，都带有举例性质，都是"举隅"。

人生怎么有那么多让人"惑"的问题呢？答案说复杂很复杂，说简单很简单，——这原本是人所生存的根本处境所决定的啊！常言说，人生天地间。这个"天地间"，远景是无边无际、无始无终的宇宙，中景是纵横交错、密密麻麻的社会网络，近景是盘根错节的人际关系，内景是比天空还阔大的自己的心灵。宇宙的奥秘，你（泛化为每个人）能说清楚吗？社会的复杂，你都能了解吗？人际关系之微妙，你都能把握吗？心灵被称为"内宇宙"，虽在你心里，你也未必看明白——人总是看不见离自己最近的东西，譬如睫毛，更何谈心灵？！

以上所列，都还是静态的存在，这是静态的复杂，事物内部结构的复杂。问题是，这些静态"元素"都不是孤立的存在，而是相互交织、相互影响、相互作用的。换句话说，它们之间的关系是动态的，随时都在变化的。复杂的"元素"构成复杂的关系，复杂的关系融入复杂的运动，这是一幅多么奥妙无穷、令人眼花缭乱的图景啊！世界是谜，人也是谜，人在世界就更是谜，这是渺小、无知、有

## 不惑之惑

限的个体所能把握、所能看透、所能穷尽的吗？所以，人生天地间，"惑"是人生之必然，是题中应有之义。人一睁眼就发现了"惑"，这说明你智力正常。相反，如果始终没"惑"，眼前永远一片白茫茫，那我们就要怀疑，到底是患了脑残，还是智障？

从某种意义上说，智者就是能从一般人"无惑"、"不惑"之处发现"惑"的人。古希腊哲人苏格拉底说，我只知道我不知道；知道得越多，才知道不知道的更多。当今以思考人生著名的哲学家周国平说："我不相信一切所谓的人生导师。在这个没有上帝的世界上，谁敢说自己已经贯通一切歧路和绝境，因而不再困惑，也不再需要寻找了？""至于我，我将永远困惑，也永远寻找。困惑是我的诚实，寻找是我的勇敢。"[①]

发现了"惑"有什么意义呢？意义是，既然发现了，就要思考它，探索它，就要寻找解惑的办法，结果就可能由"惑"走向"不惑"了。如果把"惑"比作"无明"，那么"不惑"就是"无明"的消解，就是开悟、觉醒、明白，这就进入智慧之境了。

例如本书首先讨论"我是谁"，当你明白"我"的人格（精神）结构是由真我与假我、本我与超我、内我与外我、主我与客我、个我与他我、今日之我与昨日之我等多方面对立因素组成的之后，就会对自己以及他人的内心奥秘有比较清醒的认识。当你遇到诱惑心里乱糟糟不知所措（处于"惑"的状态）之时，当你"身不由己"、"不由自主""情不自禁"之时，你就会对自己的内心作一些分析，就会让真我、超我、主我清醒觉悟起来，让它们主宰自己，这样就不至于糊里糊涂地被本我、客我牵着鼻子走，就不至于轻易让侥幸心理支配了自己。当你从"身不由己"、"不由自主"状态中解放出来的时候，你就从自发的、盲目的、混沌无知的人，变成清醒、明白、觉悟的人，这个时候，你就走进智慧之境，就成了自己命运的主人，就接近于

---

[①] 周国平：《困惑与觉悟》，见《智慧和信仰》，中国盲文出版社，第45页，2006

"佛"了。什么是"佛"？佛不就是觉悟、觉醒的人吗？！不就是具有人生智慧的人吗？！

这样的反思、觉醒实在是非常必要的。不信你问问那些犯事的贪官，他们在面临诱惑的时候，最初大概也会犹豫不决，那时他们心里乱糟糟茫然不知所措，那时他们的脑子处于不清醒状态，主我、超我打盹了，不知不觉间听从了本我、客我的支配，让侥幸心理支配了自己，于是走向犯罪，以至于后来追悔莫及。

从某种意义上说，由惑经解惑到不惑的过程就是由蒙昧、愚昧走向清醒、智慧的过程，就是提升人生境界的过程。人生在世，人人都希望掌握自己的命运，而解惑、清醒是掌握自己命运所必不可少的主观条件。要知道，对人生问题清醒与不清醒是大不一样的。作家史铁生，最早瘫痪再也不能走路时无论如何接受不了，他不理解（"惑"）命运为什么这么残忍地对待他，我招谁惹谁了让我遭受这么大的灾难？由于不理解，他愤怒得发疯，几欲自杀。但愤怒的结果是一点用都没有，只能是加重痛苦。于是开始了思考命运的精神之旅，也就是开始了对于"命运"的解惑过程。结果想清楚了关于命运的诸多道理，勘破了命运的真相，如偶然性、随机性、不公平性、不可预测性、对初始点的依赖性，以及命运的辩证法等，明白了命运的发生没有道理、没有理由，终极看这正是客观事物的规律，对于灾难和不幸，你只能接受，只能对它说"是"而不能愤怒。西谚说，理解了也就宽恕了。等史铁生想清楚关于命运的诸多道理之后，他走向心平气和，走向大彻大悟，从此活得坦然自信，活得镇静自若，活得超凡入圣，像个人间佛。史铁生的精神之旅充分证明了精神的力量，证明了解惑开悟对人的生存质量的极端重要性。人要想活得明白些，活得幸福快乐，就必须把一些最为基本的人生问题想明白，必须解除那些干扰心灵宁静的迷茫与困惑。

前面我们已经说过，人生路上的"惑"是无穷无尽的，解惑不是一劳永逸的事，而是需要持续进行的事。解一个前进一步，解一个

不惑之惑

精神境界上升一个层次,生命不息,解惑不止,人永远走在有惑解惑的旅途上。